SETE MINUTOS

SETE MINUTOS

Antonio Fagundes

Sumário

Apresentação
por Gustavo Pinheiro   7

SETE MINUTOS   9

Apresentação

Por quanto tempo é possível reter a atenção de alguém? Há 22 anos, quando este texto foi escrito, as pesquisas apontavam o tempo máximo de sete minutos, número que dá título à peça. Em 2024, no mundo das redes sociais, da comunicação imediata e das mensagens instantâneas, sete minutos soam como uma eternidade. "Estamos sendo reduzidos a máquinas instantâneas de pensamentos: ágeis, sagazes, vazias", decreta um personagem, quase como uma profecia. De lá pra cá, a situação só piorou: estudos mostram que o tempo máximo de atenção hoje não passa de poucos segundos. Por isso, é revolucionário que Antonio Fagundes, há 58 anos, desperte o interesse e junte centenas de pessoas na plateia, pontualmente no horário marcado.

Com diálogos ágeis e divertidos, o texto de *Sete minutos* expõe os percalços que os atores, cheios de paixão pelo seu ofício, precisam driblar quando sobem ao palco: da viabilidade financeira do espetáculo ao (mau) comportamento do público, do barulhinho do papel de bala ao toque do celular, passando por aqueles que, se sentindo em casa, chegam a apoiar os pés confortavelmente no palco. "Palmas pro artista confundir, pernas pro artista tropeçar", como Chico Buarque bem resumiu em "Na carreira".

O texto de Antonio Fagundes — um apaixonado ator, mas também espectador de teatro — roga ao público, e agora ao leitor, o respeito ao ritual sagrado que se estabelece sobre as tábuas do palco. Não é pedir muito.

Há dramaturgias que são vencidas pelo tempo, que se transformam em crônicas de uma vida distante. *Sete minutos*, infelizmente, continua mais atual do que nunca.

O resto é silêncio (ou quase).

Divirtam-se.

Gustavo Pinheiro
Dramaturgo

SETE MINUTOS

de Antonio Fagundes

O espetáculo *Sete minutos* estreou em 18 de julho de 2002, no Teatro de Cultura Artística, sala Esther Mesquita.

Texto
Antonio Fagundes

Direção
Bibi Ferreira

Elenco
Antonio Fagundes, Denis Victorazo, Suzy Rêgo, Luiz Amorim, Neuza Maria Faro, Tácito Rocha, Marco Antonio Leão e Juliana D'antino

Cenário e figurino
Cláudio Tovar

Iluminação
Jorge Takla

Trilha sonora
Tunica Teixeira

Fotos
João Caldas

Direção de produção e administração
Marga Jacoby e João Roberto Simões

Realização
Fagundes Produções Culturais e Takla Produção Artística

Personagens

Ator (mais de 65 anos)
Ator jovem (25 anos)
Empresária (pode ser jovem)
Tenente (35 anos)
Mulher (45 anos)
Homem (30 anos)
Pessoas na plateia

A critério da direção, o espetáculo poderá começar com uma sequência de pequenos trechos de Macbeth, *por uns cinco minutos, talvez para que o público possa se manifestar.*

Ou então...

Fundo infinito. Crepúsculo. O Ator, vestido de Macbeth, sob um foco de luz.

Clima.

ATOR:
Merda. Merda. Merda.

Acende a luz e estamos num camarim de teatro. A bancada com o espelho, as luzes acesas em volta. Num canto, a arara com roupas modernas. O Ator está furioso. Entra o Ator jovem, vestido de Banquo.

ATOR JOVEM:
Que que aconteceu?

ATOR:
Nada.

ATOR JOVEM:
Como nada? Cê tá bem?

ATOR:
Vai pro seu camarim, vai?

ATOR JOVEM:
Fala comigo. O que que houve?

ATOR:
Você não viu o cara da primeira fila? Com a camisa florida?

ATOR JOVEM:
O que que tem?

ATOR:
Você não viu? Ele tirou os sapatos.

ATOR JOVEM:
E daí?

ATOR:
Como e daí? Ele tirou os sapatos, tirou as meias, pôs os pés em cima do palco e ficou fazendo assim com os dedinhos [*gesticula com as mãos*], no meio da minha fala. Os pés em cima do palco.

ATOR JOVEM:
Eu não vi.

ATOR:
Como é que eu vou dizer o meu texto com alguém fazendo assim com os dedinhos? [*imita*] Como você não viu?

ATOR JOVEM:
Não vi.

ATOR:
O palco é sagrado, não te ensinaram, não? O palco é sagrado: um tablado, dois atores e uma paixão e o cara fazendo assim com os dedinhos, pombas, como se estivesse na porra da sala da casa dele.

ATOR JOVEM:
Calma, mas não foi só isso.

ATOR:
É claro que não foi só isso. Outro dia — era o mesmo cara, só pode ser — ele ficou comendo aquelas balinhas a peça toda [*imita o barulho*], a peça toda. E punha os papeizinhos em cima do palco, você não viu também? No fim do espetáculo, tinha um lixinho, você acredita? Um montinho de lixo na frente dele, em cima do palco, pombas! O palco é sagrado.

ATOR JOVEM:
Mas isso foi outro dia, o que que aconteceu hoje?

ATOR:
Eu tô velho pra isso. Eu não aguento mais.

ATOR JOVEM:
Você tá estrassado, fica calmo. Me diz: que que aconteceu?

ATOR:
Não é possível que você não veja, que você não ouça.

ATOR JOVEM:
Eu ouço.

ATOR:
Ouve o bipe dos relógios?

ATOR JOVEM:
Ouço.

ATOR:
A cada meia hora: "Bip-bip, bip-bip, bip-bip". Que que o desgraçado faz com esse sinal? Toma um remédio? Se aplica injeção na veia? Joga na bolsa de valores? Não! É só pra encher o saco mesmo: "Bip-bip-bip". E quando tem musiquinha, então? [*imita a musiquinha*] Você não ouve? Não é possível que você não ouça.

ATOR JOVEM:
Eu ouço.

ATOR:
E você continua? Não te incomoda?

ATOR JOVEM:
Você também continua.

ATOR:
Mas me incomoda.

ATOR JOVEM:
Faz parte do jogo.

ATOR:
Tem que desligar os bipes dos relógios! Tem uma gravação pedindo isso antes de o espetáculo começar. Tem que revistar todo mundo na entrada, como no aeroporto, e tirar a tralha toda: saquinho de bala, relógio com bipe. Tem que revistar o cara inteirinho pra segurança do espetáculo.

ATOR JOVEM:
Como você tá tenso.

ATOR:
E o celular? Outro dia, o cara deixou tocar oito vezes. Oito vezes! Dois meses preparando aquela pausa, buscando aquele silêncio. Faz parte do jogo, também: o Silêncio. A mulher acabou de se matar, você tá sozinho em cena, o exército inimigo te cercando. Silêncio. Você diz: "A vida é uma sombra que passa, uma história idiota, cheia de som e de fúria, contada por um louco significando nada." Silêncio. A coisa toda vai pra plateia. Bate lá e volta. Outra vez pra plateia. [*pausa*] "Trrrrriiiiimmmm." Porra! Ninguém consegue pensar na brevidade da vida com um celular tocando! Se eu quissesse um celular tocando, mandava gravar um pra botar na hora.

ATOR JOVEM:
Vai ver o cara não conseguia desligar.

ATOR:
Você não tava em cena. O filho da puta atendeu e ficou falando com a namorada, porra! [*imita*] "Oi, meu amor, tô aqui no teatro. [*pausa*] Acho que começou." Ele ainda não sabia. O palhaço ali, parado em cena, e ele nem percebeu que tinha começado. Você não viu. Vai pro teu camarim, vai.

ATOR JOVEM:
Eu não tava em cena.

ATOR:
E se estivesse não ia nem perceber.

ATOR JOVEM:
É a quarta parede.

ATOR:
Onde é que está? Cadê a parede?

ATOR JOVEM:
É uma convenção.

ATOR:
Tem gente sentada ali, você não sabe? Eles saíram de casa todos arrumadinhos e sentaram ali pra te ver, pelo menos é o que se supõe, pra ouvir as coisas que você preparou durante meses de trabalho, um trabalho infernal, noites e noites pesquisando, só pra eles. É uma troca.

ATOR JOVEM:
Você não pode pensar nisso quando está em cena.

ATOR:
É claro que eu posso. É só nisso que eu penso. Essa história de quarta parede é conversa de ator preguiçoso...

ATOR JOVEM:
Tem que abstrair.

ATOR:
... que abstrai a plateia e se fecha dentro do palco feito um papagaio programado pra repetir as suas falas, se comendo pelo próprio umbigo. Eu sou um comunicador, pombas, eu preciso do outro do lado de lá.

ATOR JOVEM:
Então: eles estão vivos.

ATOR:
Mas não pode falar no celular.

ATOR JOVEM:
Eles pagaram.

ATOR:
Não pra mijar em cima de mim.

ATOR JOVEM:
Você tá nervoso.

ATOR:
E as tosses? O que eles tossem, meu Deus! Essa gente tinha que ir prum hospital, não pro teatro. Eles estão doentes. Enfisema pulmonar. [*alguém tosse, na plateia*] Por favor, tem um médico na plateia? Tem gente doente aí, cuida dele, aí. Aqui não é lugar pra tossir.

Batem na porta.

ATOR:
Não abre.

ATOR JOVEM:
Querem saber o que houve.

Batem de novo.

ATOR:
Não abre, eu já disse!

ATOR JOVEM:
Você vai ter um troço, para com isso!

ATOR:
Tinha que ter um jeito de selecionar quem se senta na primeira fila. A primeira fila não é pra amadores. Só pra profissionais. Tinha que perguntar: você é profissional? É espectador profissional? Vai prestar atenção? O cara aqui em cima tá se esfalfando pra te contar essa história. Tá pronto pra ouvir? Tem que fazer cara de inteligente, hein? Não tá pronto? Última fila, lá pra trás. Tinha que ter um jeito.

Batem na porta.

ATOR:
Para de bater na porra dessa porta!

Param de bater.

ATOR JOVEM:
Pega aqui: toma um calmante.

ATOR:
Eu já tomei um.

ATOR JOVEM:
Toma outro.

ATOR:
Eu já tomei outro. Não faz mais efeito.

ATOR JOVEM:
Dois, tem que fazer efeito.

ATOR:
Deve ser falsificado. Eles falsificam até remédio pra câncer, agora.

O Ator põe a mão no estômago.

ATOR JOVEM:
Que foi?

ATOR:
Devem ter posto estricnina nesta merda.

ATOR JOVEM:
Para com isso! Você tá me deixando nervoso, também.

O Ator se acalma.

ATOR:
Outro dia, tinha uma velhinha sentada na primeira fila — essa gente só senta na primeira fila. Tinha um enorme saco de batatas fritas na mão e comia, comia, comia, o papel fazendo um barulho tão alto que nem eu mesmo conseguia mais me escutar. Eu não aguentei: eu parei de falar e olhei pra ela. Eu dei aquele olhar número oito, de secar pé de jabuticaba. Sabe o que ela fez? Me ofereceu a batatinha. Ela me ofereceu, porra! A simpática! Pro Macbeth! Ela pensou o quê? Que eu ia parar o espetáculo, descer do palco e sentar com ela pra comer batata frita?

ATOR JOVEM:
Público de televisão.

ATOR:
Mas aqui é um teatro, porra!

ATOR JOVEM:
Televisão eles assistem assim: comendo batatinha. Você devia saber disso.

ATOR:
Televisão é um eletrodoméstico. Você leva pra onde quiser. Pode ver no banheiro, cagando, se estiver a fim. Pode ver pelado, fazendo amor.

ATOR JOVEM:
Por isso eles ficam tão à vontade. Pensam que a gente não tá vendo.

ATOR:
Ninguém contou a diferença?

ATOR JOVEM:
Parece que não. [*pausa*] Tá mais calmo?

ATOR:
Você é muito moço ainda, tudo isso é novidade pra você. Você não liga.

ATOR JOVEM:
Que que houve?

ATOR:
Eu já tô velho, deve ser isso.

ATOR JOVEM:
Não fala assim.

ATOR:
Não tô aguentando mais. [*pausa*] Você sabe que eu entro no palco meia hora antes de o espetáculo começar.

ATOR JOVEM:
Se concentrando.

ATOR:
Nada. Concentrando nada. Esse negócio de concentração quem precisa é centro espírita. Eu fico ouvindo o público. Ouvindo.

ATOR JOVEM:
A conversa deles?

ATOR:
O jeito que eles têm de entrar na sala, como eles fazem pra descobrir o lugar na plateia. Fico ouvindo.

ATOR JOVEM:
Pra quê?

ATOR:
Tô falando que você não entende nada. Fico ouvindo a respiração deles, o humor. Eu sou capaz de saber como vai ser durante o espetáculo só de ouvir o jeito de eles se comportarem nessa meia hora.

ATOR JOVEM:
Sei.

ATOR:
Tá certo, não é verdade. Eu já não sei mais. Mas antes eu sabia porque eu não ficava no palco, escondido atrás da cortina fechada, feito um ladrão de galinha, não. Eu ficava na bilheteria. Meia hora por dia.

ATOR JOVEM:
Olhando o público?

ATOR:
Vendendo ingresso.

ATOR JOVEM:
Você vendia ingresso meia hora por dia?

ATOR:
Vendia.

ATOR JOVEM:
Pra economizar com o bilheteiro?

ATOR:
Eu sentia o público.

ATOR JOVEM:
Sei. Devia ser engraçado. Um dos atores mais conhecidos do país sentado na bilheteria, vendendo ingresso.

ATOR:
Você não entende, né? Porque é isso que você faz todos os dias, nunca pensou que podia ser diferente: você entra em cena, imagina aquela quarta parede te separando daquele buraco negro na sua frente, pode até ter alguém ali, tanto faz, você liga o seu piloto automático e vai recitando o teu pedaço de texto até o fim dos dias, haja o que houver, chova ou faça sol. Eles podem até ter ido embora, você nem fica sabendo. Você faz a sua parte. Ponto.

ATOR JOVEM:
E não é assim que tem que ser?

ATOR:
Não! É uma relação, pombas. Você depende do outro. Eu sempre me angustiei com essa cortina de aço, que dizem que tem no teatro, pra separar o palco da plateia. Baixa a cortina e daí? Largam a gente aqui dentro, ardendo? Queimando solitários a nossa paixão? Você não ia queimar mais nem o dedo mindinho.

ATOR JOVEM:
Com você é diferente?

ATOR:
Eu sentia a alma deles. Eu conhecia. Sabia o cheiro. Eu olhava nos olhos deles. A combinação das roupas. O hálito. Sabia se tinham vindo a pé, com o dinheiro contado; se tinham mandado comprar; se estavam felizes, entediados. Eu sabia.

ATOR JOVEM:
Não sabe mais?

ATOR:
Informatizaram essa porra de bilheteria, me expulsaram de lá.

ATOR JOVEM:
Tudo bem, agora você fica meia hora antes, atrás da cortina, ouvindo o jeitão deles.

ATOR:
Você tá me gozando, né?

ATOR JOVEM:
Não é isso que você faz?

ATOR:
Você já reparou o jeito que eles têm de entrar na sala de espetáculos? Não, você nunca se interessou. Nem saberia a diferença.

O teatro era um templo, um lugar sagrado. As pessoas entravam na sala, reverentes, emocionadas. Chegavam meia hora antes, era um ritual: compravam o programa — é, eles compravam o programa —, se sentavam nos seus lugares, falando baixinho, criando o clima. E liam.

ATOR JOVEM:
Era meio chato assim, não era não?

ATOR:
Claro, agora é que é legal: parece uma feira. Tá marcado pra começar às nove, eles chegam às nove e quinze.

ATOR JOVEM:
Você não deixa entrar.

ATOR:
Gritam, gargalham, falam no celular, a casa da mãe Joana. Você pode dar um sinal, dois, três, mil, eles nem sabem que porra de campainha é essa que tá tocando, continuam a falar, falar, falar. Apaga a luz e eles continuam falando. Já começou o espetáculo quando a luz apaga. Mas não: o preço do bacalhau é mais importante do que qualquer coisa que você queira mostrar pra eles. Cheios de assunto.

ATOR JOVEM:
Estão alegres.

ATOR:
Não têm a menor noção do que vão ver, estão de passagem. O teatro é a antessala da pizza!

ATOR JOVEM:
Eles pagaram.

ATOR:
Eu não sou um pedaço de carne, isto aqui não é um açougue. Você viu o que eles fizeram hoje quando apagou a luz? Assobiaram [*imita*] como se fosse a porra de um programa de auditório. É Shakespeare!

ATOR JOVEM:
Foi isso que aconteceu? Você ficou puto porque eles assobiaram?

ATOR:
O cara tirou os sapatos!

ATOR JOVEM:
Eles assobiaram e o cara tirou os sapatos, foi isso?

ATOR:
Não. Não foi só isso: aquele cara, lá, na terceira fila, do casaco branco.

O Ator aponta pra a plateia.

ATOR JOVEM:
Que é que tem?

O Ator jovem olha na direção que o Ator apontou.

ATOR:
A cada dois minutos ele fazia assim. [*imita alguém se espreguiçando*] A cada dois minutos.

ATOR JOVEM:
Você contou o tempo?

ATOR:
E deixava o braço esticado lá em cima. A cada dois minutos.

ATOR JOVEM:
Você reparou no casaco dele.

ATOR:
E ninguém reclamava. O cara tava tirando a visão de duas dúzias de pessoas e ninguém reclamou.

ATOR JOVEM:
Isso é demais.

O Ator jovem olha outra vez na mesma direção.

ATOR:
Na esquerda, aquela mulher na primeira fila, com a doença de São Guido, você não viu, você não vê nada, não parava de balançar a perna.

ATOR JOVEM:
Não começa outra vez.

ATOR:
Porque deixam essa gente se sentar na primeira fila, meu Deus?

Batem na porta.

ATOR:
Mal comecei a falar [*imita um bocejo mal-educado*]. Não dava pra ter enchido o saco, era a primeira fala! Quer dizer: o cara já saiu de casa com o saco cheio. Ele veio aqui pra descarregar na gente.

Batem na porta.

ATOR JOVEM:
Fica calmo, pelo amor de Deus.

ATOR:
As cadeiras rangendo.

O Ator fala para o mundo ouvir.

ATOR:
Tem que azeitar essas porras de cadeiras!

O Ator volta a falar para o Ator jovem.

ATOR:
A outra que não parava de olhar no relógio; o casal de namorados estava quase trepando, ali, na minha frente. Na primeira fila! Tinha que ser na primeira fila! Quer se amassar vai prum motel, pombas! E a lata de balas! Tem que proibir a venda de latas de balas aqui no teatro, já não chega o papelzinho?

ATOR JOVEM:
Então foi isso?

ATOR:
Aí o cara roncou. [*imita o ronco*] Eu sou um ator, porra! Não sou um presunto pendurado num gancho, eu não sou um bobo da corte, eu estudei esse texto. Eu exerço essa profissão, esse sacerdócio, há 45 anos. Eu exijo respeito!

ATOR JOVEM:
Você não pode ligar pra isso.

ATOR:
Porque você não liga, é claro. Tá mais preocupado com o próximo baile de debutantes, o dinheirinho no bolso, o corpinho malhado. Se tirar a camisa vai parecer uma tangerina: cheio de gomos.

ATOR JOVEM:
Eu tô aqui, num tô?

O Ator reconhece.

Batem na porta.

ATOR:
Abre logo essa merda.

Entra a Empresária.

EMPRESÁRIA:
O que que aconteceu?

ATOR:
Onde é que você estava quando eu precisei de você?

EMPRESÁRIA:
Maior zona lá fora...

ATOR:
Você nunca está...

EMPRESÁRIA:
... todo mundo gritando...

ATOR:
... por aqui quando eu preciso de você.

EMPRESÁRIA:
... querendo o dinheiro de volta.

ATOR:
Onde é que a senhora estava?

EMPRESÁRIA:
Impedindo a polícia de entrar no teatro.

ATOR JOVEM:
Polícia?

ATOR:
Como é que é?

EMPRESÁRIA:
Você quer que comece na hora, tudo bem.

ATOR:
E começamos.

EMPRESÁRIA:
Alguns chegam atrasados.

ATOR:
E daí?

EMPRESÁRIA:
Eu nunca te falei nada, mas nem todos são cordiais.

ATOR JOVEM:
Foi você que chamou a polícia?

EMPRESÁRIA:
Eles.

ATOR:
Por favor, do começo.

EMPRESÁRIA:
Eles chegam atrasados, às vezes, só um minuto depois da hora, mas nós somos pontuais, não é? Começamos rigorosamente na hora marcada. Eles dão de cara com a porta fechada, me agridem, me xingam, me ofendem, mas não entram. Não é assim que você quer? Aí, eles chamam a polícia.

ATOR JOVEM:
E daí?

EMPRESÁRIA:
Geralmente tem alguma "otoridade" entre os que chegaram atrasados: um juiz de direito, um deputado. Aí o cabo da viatura de polícia morre de medo e quer mostrar serviço pra eles. Era isso que eu estava fazendo lá fora. Evitando ser presa.

ATOR:
Por cumprir o prometido.

EMPRESÁRIA:
Eles nunca vão aceitar.

ATOR:
E eu nunca vou mudar.

EMPRESÁRIA:
Eu sei, eu nunca te pedi isso.

ATOR:
Quando eu ficava na bilheteria isso nunca aconteceu.

EMPRESÁRIA:
Sempre aconteceu. Eu é que nunca te contei.

ATOR:
O ingresso é um contrato, eles não sabem disso? Tá lá escrito: o nome da peça, o dia, o teatro, a poltrona. Tá marcado o horário também.

EMPRESÁRIA:
Eles não leem.

ATOR:
Como não leem? Chegaram até aqui, não chegaram? Ai de nós se pusermos alguém no lugar deles. Eles quebram as cadeiras.

EMPRESÁRIA:
Eles dizem que é um consenso: marcado pras nove, começa às nove e quinze.

ATOR:
Aí chegam aqui roncam e tossem e bocejam e tiram os sapatos e põem os pés em cima do palco.

ATOR JOVEM:
Deve ser um consenso também.

EMPRESÁRIA:
Esse é o consenso dos que entram. Os que ficam do lado de fora, chamam a polícia. [*pausa*] Que que aconteceu? Eu tenho que voltar pra porta antes que eles armem uma revolução.

ATOR JOVEM:
Eu posso ajudar?

EMPRESÁRIA:
Vê se você consegue conter a turba ignara.

O Ator jovem sai. A Empresária se senta ao lado do Ator.

EMPRESÁRIA:
Que que houve? Você passou mal?

ATOR:
Não, eu tô bem.

EMPRESÁRIA:
Alguma falha técnica? Quebrou a mesa de luz?

Silêncio.

ATOR:
Eu não aguento mais.

EMPRESÁRIA:
Eu não consigo entender você. Das 37 peças que o Shakespeare escreveu, você escolheu esta. Tinha um monte de comédias, mas não: você escolheu esta, a mais difícil, a peça problema, os

ingleses nem dizem o nome dela que dá azar. "A peça escocesa", eles dizem, mas você montou. Ninguém quebrou a perna, ninguém se machucou. Você tá fazendo um trabalho deslumbrante como ator. Duzentos espetáculos em cartaz na cidade e você consegue, com esta peça, botar mais de mil pessoas no teatro todos os dias pra te assistir. Não aguenta mais o quê?

ATOR:
Você veio até aqui só pra me encher o saco, é?

EMPRESÁRIA:
Você tá assim por causa da crítica?

ATOR:
Que crítica?

EMPRESÁRIA:
A que saiu hoje.

ATOR:
Pelo amor de Deus.

EMPRESÁRIA:
Disse que o espetáculo é velho.

ATOR:
Não quero saber.

EMPRESÁRIA:
Foi por isso que você ficou mal? Porque você leu?

ATOR:
Isso não é feito pra ler, não te disseram, não? É pra forrar gaiola de passarinho.

EMPRESÁRIA:
Mas você leu e ficou mal...

ATOR:
Não li.

EMPRESÁRIA:
... porque o cara escreveu...

ATOR:
Não quero saber.

EMPRESÁRIA:
... que não tem nada de novo no espetáculo...

O Ator tapa os ouvidos e começa a assobiar para não ouvir o que a Empresária diz.

EMPRESÁRIA:
... e você, que está botando mais de mil pessoas no teatro todos os dias, acha mais importante o que ele escreveu do que a reação entusiástica da plateia.

ATOR:
Eu tô cagando pra essa definição.

EMPRESÁRIA:
Que definição?

ATOR:
O que é novo, o que não é novo. Sabe o que é novo, não é? Já leu Dostoiévski? Ele escreveu há mais de cem anos. Já leu? Não? Então é novo pra você. Isso é que é novo. Tô cagando.

EMPRESÁRIA:
Tem que cagar mesmo. Você tá fazendo história.

ATOR:
Eu lá quero fazer história. Não tenho essa ansiedade infantil de ficar pra posteridade. Eu deixo isso pro imbecil que escreveu essa besteira. Eu quero o aqui, agora. Eu quero o seu José e a dona Maria ali na plateia; aqui, agora, na minha frente. Eu troquei a posteridade pelo presente. Foi isso que aconteceu. Mas eu preciso deles, pombas. Ainda preciso deles, na plateia. E vamos voltar pra cozinha, não tenta elevar o nível, não. A coisa é mais embaixo, é mais prática.

EMPRESÁRIA:
Não tinha ninguém que valesse a pena nessa plateia?

ATOR:
Eu não parei pra contar.

EMPRESÁRIA:
E eles fizeram o quê, desta vez?

ATOR:
Fizeram de tudo. De uma vez só, ao mesmo tempo. Parece que foi combinado. Mil e duzentas pessoas se telefonaram hoje, pra combinar: "E aí? Vamo lá, turma? Vamo barbarizar no teatro hoje? Vai ser o maior legal."

EMPRESÁRIA:
E aí?

ATOR:
Aí eu não aguentei. Parei o espetáculo.

EMPRESÁRIA:
Isso eu já sei.

ATOR:
E fiquei encarando a plateia.

EMPRESÁRIA:
Um grande momento.

ATOR:
Foi. Um grande momento. Disse a eles que Bertolt Brecht, maravilhoso autor alemão, escreveu que o teatro está apoiado num fabuloso tripé.

EMPRESÁRIA:
Um grande momento cultural.

ATOR:
Volta pra cozinha, já disse. Tem momento cultural coisa nenhuma, é papo de cozinha, a coisa é prática.

EMPRESÁRIA:
Bertolt Brecht na cozinha.

ATOR:
Um tripé, ele escreveu. Levantei os dedinhos: o autor — mostrei o primeiro.

EMPRESÁRIA:
O indicador.

ATOR:
O ator — mostrei o segundo.

EMPRESÁRIA:
O polegar.

ATOR:
E o público — mostrei o terceiro.

EMPRESÁRIA:
O médio. É bem na cozinha mesmo. [*pausa*] Eles perceberam, pelo menos, o dedo que voce reservou pra eles?

ATOR:
Não. Estavam espantados demais. Quietos demais. Atenciosos demais. Como eu queria que eles fossem sempre.

EMPRESÁRIA:
Tudo bem.

ATOR:
O autor é Shakespeare, eu disse. O ator é este aqui que vos fala.

EMPRESÁRIA:
Silêncio total.

ATOR:
Nem uma mosca.

EMPRESÁRIA:
E o público?

ATOR:
O dedo médio em riste apontei pro cara que estava sem sapatos, os pés em cima do palco...

EMPRESÁRIA:
Tinha alguém com os pés em cima do palco?

A Empresária olha para a beira do palco.

ATOR:
... e disse: tira essas patas já daí.

EMPRESÁRIA:
Você não fez isso.

ATOR:
Fiz.

EMPRESÁRIA:
Ele tirou?

ATOR:
Como se tivesse tomado um choque elétrico.

EMPRESÁRIA:
Meu herói.

ATOR:
Olhei bem firme pro restante...

EMPRESÁRIA:
Mil cento e quarenta e oito pessoas.

ATOR:
... e finalizei: vocês não são um público, vocês são massa...

EMPRESÁRIA:
E aí?

ATOR:
Me perdi um pouco, estava muito nervoso.

EMPRESÁRIA:
Natural.

ATOR:
E aqui não é uma cantina, eu disse.

Silêncio.

EMPRESÁRIA:
Podia ter sido melhor.

ATOR:
Fica pra próxima.

EMPRESÁRIA:
Por favor, não. E depois?

ATOR:
Mandei todo mundo embora.

EMPRESÁRIA:
Tinha um cara com os pés em cima do palco e por causa dele você mandou todo mundo embora?

ATOR:
Você não estava lá, você não sabe o que aconteceu.

EMPRESÁRIA:
Eu quero que você me conte.

ATOR:
A plateia não é esse buraco negro que a gente enxerga daqui de cima do palco, não. Ela pulsa, age, respira, tem personalidade. Cada dia de um jeito, viva.

EMPRESÁRIA:
Pode ser que eles não estivessem gostando do espetáculo?

ATOR:
Não foi isso. Eu senti. Ah, para com isso, a gente sabe. Foi assim desde o começo, e o tempo todo: eu não fui respeitado.

EMPRESÁRIA:
Por nenhum deles?

ATOR:
Tocou celular, tossiram, bocejaram, levantaram pra ir ao banheiro.

EMPRESÁRIA:
Você queria o quê? Que fizessem xixi na poltrona?

ATOR:
Você tá torcendo pra quem, afinal?

EMPRESÁRIA:
Tô tentando ficar do seu lado.

Silêncio. O Ator pega um texto, abre numa página e dá para a Empresária.

ATOR:
Lê este trecho.

EMPRESÁRIA:
Pra quê?

ATOR:
Lê. Eu vou te mostrar.

Ela lê.

EMPRESÁRIA:
"A vida é uma sombra que passa, uma história idiota, cheia de som e de fúria, contada por um louco e significando nada."

Enquanto ela lê, o Ator arrasta a cadeira, boceja alto, balança a perna, se espreguiça. Ela para e fica olhando para ele, que continua a fazer o maior escarcéu.

ATOR:
Deu pra entender agora? Eu não sou de ferro!

Silêncio.

EMPRESÁRIA:
Aí você mandou todo mundo embora?

ATOR:
Mandei.

EMPRESÁRIA:
E eles foram.

ATOR:
Me aplaudiram, tá bom?

EMPRESÁRIA:
Verdade?

ATOR:
Vaiaram também.

EMPRESÁRIA:
Pela cara deles lá fora, fizeram pouco.

Silêncio.

ATOR:
Muitos problemas?

EMPRESÁRIA:
Mil cento e quarenta e oito problemas. Vamos ter que dar um pulinho na chefatura de polícia.

ATOR:
Eu jamais vou permitir que qualquer um de nós se submeta a essa humilhação.

EMPRESÁRIA:
Se precisar eu vou.

ATOR:
Nunca.

EMPRESÁRIA:
Você não sabe a zona que está lá fora.

ATOR:
Você devolveu o dinheiro deles, não devolveu?

EMPRESÁRIA:
Oitenta por cento compraram com cartão.

ATOR:
E isso quer dizer o quê?

EMPRESÁRIA:
Que não tínhamos dinheiro em caixa.

ATOR:
Cheques?

EMPRESÁRIA:
Mil cento e quarenta e oito? Tentei trocar por convites pra outro dia. Alguns aceitaram. Poucos.

ATOR:
E os outros?

EMPRESÁRIA:
Querem o dinheiro de volta de qualquer jeito. Estão lá me chamando de estelionatária.

ATOR:
Meu Deus.

EMPRESÁRIA:
O pior é que os que compraram com cartão ainda não desembolsaram nada, é só cancelar a compra. É de dar raiva mesmo.

Entra o Ator jovem, já de roupa normal.

ATOR JOVEM:
Tá uma praça de guerra lá fora.

ATOR:
Polícia?

ATOR JOVEM:
Até onde eu pude contar, tem nove viaturas na porta do teatro. As luzes piscando. Uma festa.

ATOR:
Que bom. Nenhum outro crime na cidade.

EMPRESÁRIA:
Os bandidos que aproveitem, a polícia está toda aqui.

ATOR:
E a massa?

O Ator e a Empresária riem.

ATOR:
Não tem ninguém a favor?

EMPRESÁRIA:
Você ainda acha que ia ter?

ATOR:
Alguém podia ter se incomodado também, não? Tem gente que vem ao teatro pra ver a peça.

ATOR JOVEM:
Por enquanto, só deu pra perceber os que estão tentando quebrar a porta do teatro.

EMPRESÁRIA:
Eu tenho que ir lá.

ATOR:
Eu vou junto.

ATOR JOVEM:
Ficou maluco? Pelo que eu vi, é tudo o que eles querem na vida: o seu sangue. Deixa que eu cuido deles.

EMPRESÁRIA:
Tem certeza?

ATOR JOVEM:
Tá divertido demais.

O Ator jovem sai, feliz.

ATOR:
Desculpa. Eu tentei segurar, mas não deu.

EMPRESÁRIA:
Você já teve o seu grande momento. Agora ele vai ter o dele.

ATOR:
Larguei uma bomba na tua mão.

EMPRESÁRIA:
Eu sei me virar.

ATOR:
E o resto do elenco?

EMPRESÁRIA:
Mandei todo mundo pra casa. Não ia adiantar nada eles ficarem aqui. Deixaram um beijo pra você.

ATOR:
Melhor assim.

EMPRESÁRIA:
Mais calmo?

O Ator faz que sim.

ATOR:
Acho melhor eu me trocar. Não quero dar a eles o gostinho de prender Macbeth.

EMPRESÁRIA:
Quer ajuda?

ATOR:
Ainda consigo botar as calças sozinho.

EMPRESÁRIA:
Chá?

O Ator faz que sim e começa a se trocar. A Empresária prepara o chá.

ATOR:
Você sabe o que eu fiz outro dia?

EMPRESÁRIA:
O quê?

ATOR:
Eu tinha um armário em casa, enorme, cheio de fotos, artigos, programas, cartazes, críticas. Joguei tudo no lixo.

EMPRESÁRIA:
Como é que é?

ATOR:
Quem é que vai se importar com isso?

EMPRESÁRIA:
Eu me importo.

ATOR:
Você já viu essa gente de hoje fazendo turismo? Maquininhas na mão, documentando, fotografando tudo, registrando, filmando,

não têm tempo nem de ver a paisagem. De repente, eu me senti assim. Joguei tudo fora. Agora eu sou um viajante sem fotos e sem lembranças do passado. Se alguém quiser lembrar de mim, que viaje comigo.

EMPRESÁRIA:
E isso quer dizer o quê?

ATOR:
Que eu quero ver a paisagem.

A Empresária serve o chá.

EMPRESÁRIA:
Você me desculpe insistir, é que eu ainda não consegui entender o que houve. Você não costuma ter piti.

ATOR:
Eu tô cansado, é isso.

EMPRESÁRIA:
Justo agora?

ATOR:
Por que "justo agora"?

EMPRESÁRIA:
Você quebrou a cadeia, rompeu o padrão.

ATOR:
Não é verdade. Eu sei. Vivo sendo acusado disso.

EMPRESÁRIA:
Os tempos mudaram e você deu um pulo à frente, você não percebe? Você é o único ator da tua geração, que eu conheço,

que não parou a história do teatro em 1970. Continuou tentando depois disso. E com sucesso, lotando as plateias. Acusado de quê?

ATOR:
Eu sei. Vivo sendo acusado disso.

EMPRESÁRIA:
Acusado de quê?

ATOR:
De ser comercial, por exemplo.

EMPRESÁRIA:
Fazendo Shakespeare? Seus espetáculos são de altíssima qualidade.

ATOR:
Mas eu vivo lotando.

EMPRESÁRIA:
E não é o que todo mundo quer?

ATOR:
Deve ter alguma coisa de errada comigo, eles pensam. Comercial demais.

EMPRESÁRIA:
Comerciais são eles, que ficam ali, fechados, no seu pequeno comércio, fazendo teatro sob encomenda, pra mesma meia dúzia de pessoas, e cada vez menos.

ATOR:
Você me ama.

EMPRESÁRIA:
Não é verdade o que eu estou dizendo?

ATOR:
Eles dizem que nunca se venderam. Por isso que eles não têm público.

EMPRESÁRIA:
E você tem público porque se vendeu?

ATOR:
Porque o que eu faço não é o verdadeiro teatro.

EMPRESÁRIA:
É o quê, então?

ATOR:
Concessão.

A Empresária ri.

EMPRESÁRIA:
No século XVI, com o padre Anchieta, também não era teatro, era catequese.

ATOR:
Era arte, eles dizem. Porque Anchieta escreveu textos em tupi-guarani.

EMPRESÁRIA:
Concessão também. Pro público dele entender. Você quer mais comercial que isso? Só tinha índio na plateia.

ATOR:
Pelo menos era um público cativo.

EMPRESÁRIA:
Era o único programa deles.

ATOR:
Anchieta não tinha que correr atrás.

EMPRESÁRIA:
Mas se não assistisse ao espetáculo tinha que pagar penitência.

ATOR:
Quer mais cativo que isso?

EMPRESÁRIA:
Acorrentados no chão.

Os dois riem.

EMPRESÁRIA:
Na verdade, é isso que te magoa, né? Não ser reconhecido.

ATOR:
Claro que não.

EMPRESÁRIA:
Tá aí, todo ressentido, falando disso. Jogou fora os recortes porque queria entrar pra história e ninguém reconheceu.

ATOR:
Quem tem que me reconhecer é o público. Eu continuo fazendo teatro, não é?

EMPRESÁRIA:
Eu tô falando: você fez mais do que isso. Você quebrou essa corrente. O público de teatro do século XIX era a corte portuguesa. Os atores não tinham que correr atrás. Uma plateia cativa também. O teatro atendia às suas necessidades.

ATOR:
E hoje atendemos?

EMPRESÁRIA:
Você ficou maluco? Nós estamos lotados há meses.

ATOR:
Só Deus sabe como.

EMPRESÁRIA:
Você sabe como. Pera aí. Pensa bem. No meio do século XX também. Primeiro a burguesia, depois os politizados.

ATOR:
Que é que tem?

EMPRESÁRIA:
Cativos também. Em pouco número, sempre. Um teatro feito no figurino, pra quem? Vinte, trinta mil espectadores? Isso não é ser comercial? É o mais alto nível de comercialização, aquele feito para um segmento só, específico. E eles viviam disso. Que besteira eu estou dizendo. Você também viveu disso, durante anos. Fez parte desse grupo de artistas privilegiados que não tinham que correr atrás do público. Mas pra um público cativo, até eu. Só que você foi adiante, e eles não. Eu quero ver eles ampliarem esse público, do mesmo jeito que você fez com o seu.

ATOR:
Há 45 anos, nós fazíamos teatro de terça a domingo, duas sessões na quinta, duas no sábado e duas no domingo. Duas em feriados. Pra casas sempre lotadas.

EMPRESÁRIA:
Por pouco tempo. Nós estamos em cartaz há um ano!

ATOR:
É, era um público cativo, mas pequeno. Mas era maravilhoso. Um público elegante, cheiroso. Chegava a dar enjoo na gente, no palco, de tanto perfume que vinha da plateia.

EMPRESÁRIA:
Só a elite. Se bobear você sabia até o nome deles. É isso que eu não consigo entender. Você conseguiu quebrar a cadeia, chamar pro teatro outros públicos, conquistar, convencer, e tá com saudade dos cativos? Duzentos mil espectadores por temporada e você reclama do comportamento deles na plateia, com saudade da elite? É outro público, o que é que tem?

ATOR:
Aí é que está a história: não é outro público. É sempre a elite que continua a vir. O resto do povo não ficou nem sabendo. Eu já desisti de fazer teatro popular. Foge das nossas mãos. Não é uma questão de dinheiro, não, é de interesse também.

EMPRESÁRIA:
Então, relaxa. Os outros não têm dinheiro nem pra comprar jornal.

ATOR:
Não é só isso.

EMPRESÁRIA:
Se quiserem ir ao teatro vão ter que voltar a pé. Os ônibus param antes das onze.

ATOR:
Não é por aí. Você pode levar o teatro até a casa de alguns deles, de graça, e eles não vão querer. Falta hábito, educação, cultura.

EMPRESÁRIA:
Falta emprego, saúde, segurança. Mas aí, meu amor, já não é culpa tua. Tem que fazer muito mais do que uma peça de teatro pra mudar tudo isso.

ATOR:
É, mas nós estamos fazendo uma puta confusão.

EMPRESÁRIA:
Não, você é que tá fazendo confusão. Mas, mesmo assim, com todas essas dificuldades, você tem lotado suas plateias, há anos. Elite ou não, eles vêm. E quando eles vêm, você manda embora. Por que você fez isso?

ATOR:
Porque eles são privilegiados, porra. É por isso que eu cobro atenção deles. Eu já desisti de fazer teatro para os outros, tudo bem. Hoje, não temos mais uma plateia cativa. Fazem parte de uma sociedade atomizada que tem que ser conquistada dia a dia, mas que tem acesso a tudo isso que as outras classes não têm. Têm que se comportar com educação no teatro, sim. Não são mais como o público de antigamente, quase que obrigados por uma questão de classe a frequentar os teatros. Foi um ato de vontade que trouxe essa gente pra cá. Eles têm muitas outras opções na vida, muitas saídas, oportunidades. Mas escolheram vir. Venceram todos os obstáculos pra chegar até aqui. São o topo da cadeia alimentar. Têm que se comportar como tal.

EMPRESÁRIA:
Eles não se sentem assim.

ATOR:
Mas são. Nós vivemos num país de miseráveis, já esqueceu disso? Mas eu não tô falando de dinheiro. Os estádios de futebol estão cheios de gente que nunca foi ao teatro. Os bares, as filas de loteria esportiva. E tudo isso custa caro. Mas 80% do público diz que só o teatro que está caro. Porque não têm interesse. Não sabem a ginástica que nós somos obrigados a fazer pra que o ingresso custe apenas um terço do que deveria custar. Então não é de dinheiro que a gente está falando. O que se pressupõe que faça essa gente que vem ao teatro ser uma elite é exatamente o interesse. E o que que eles fazem? Acabam demonstrando não ter nenhum quando chegam aqui.

EMPRESÁRIA:
Bocejam.

ATOR:
Entediados. São felizes e não sabem. O ouro da informação, da sensibilidade, do calor humano ao alcance das mãos e deixam escorrer por entre os dedos. Não foi atrás disso que eles vieram?

EMPRESÁRIA:
E quando não gostam da peça?

ATOR:
Alguns teatros estão vazios por isso. Porque não gostaram da peça. A arma deles não é o bocejo, é a ausência. Bocejo é falta de educação.

EMPRESÁRIA:
Você recomenda o quê? Farta distribuição de manuais de etiqueta na porta dos teatros?

ATOR:
Não é isso que nós fazemos quando botamos uma gravação pedindo para eles desligarem os celulares? [*pausa*] Nós fizemos coisas maravilhosas, você tem razão. Conseguimos comover essa gente. Nada tem tirado o nosso público. Porque somos nós que estamos roubando o público da televisão, dos videocassestes, das internets da vida. Pensa bem: essas 80 mil pessoas que foram ao teatro esta semana abaixaram um ponto no Ibope de algum programa desses aí, e fomos nós que fizemos isso. Porque você pode pôr uma coisa na tua cabeça: nada — ouve bem —, nada, nenhum veículo, nenhuma invenção, por mais mirabolante que seja, será capaz de concorrer com o teatro. Temos mais de dois mil anos de vida, quase que intocados. Aqui é o último reduto de humanidade; a última esperança do calor humano, de contato real. O salto triplo mortal, sem rede. Sangue, suor e lágrimas. O resto é virtual.

EMPRESÁRIA:
Que que falta, então?

ATOR:
Fazer eles entenderem isso. [*pausa*] Mas essa é a nossa falha trágica.

EMPRESÁRIA:
Como é que é?

ATOR:
Talvez sejamos os últimos a ainda exigir atenção. Paciência, cuidado, paixão. É a nossa falha. Queremos a alma de quem nos procura, não o dinheiro. Andamos na corda bamba da emoção, aqui em cima do palco, exigindo em troca, apenas, a rede carinhosa de proteção da plateia. Mas isso é pedir muito.

EMPRESÁRIA:
Por quê?

ATOR:
Porque, apesar de tudo, eles têm medo.

EMPRESÁRIA:
De nós? Que nem somos importantes pra eles?

ATOR:
Eles sabem que o ator é o único capaz de fazer, todos os dias, o caminho que talvez a plateia leve uma vida inteira pra percorrer.

Silêncio.

EMPRESÁRIA:
Você é louco.

Volta o Ator jovem.

ATOR:
Vamos voltar pra cozinha. E então?

ATOR JOVEM:
Estão exigindo que você vá até a chefatura de polícia.

ATOR:
Voltamos pra cozinha. Pra quê?

ATOR JOVEM:
Prestar depoimentos.

ATOR:
Como um bandido.

ATOR JOVEM:
Sugeri ao tenente...

ATOR:
É a patente mais alta?

ATOR JOVEM:
Sinto muito.

ATOR:
Podia ser um coronel, pelo menos.

ATOR JOVEM:
Sugeri que ele viesse aqui tomar o seu depoimento antes de decidir se vale a pena ir pra delegacia.

EMPRESÁRIA:
Talvez ele nem aceite as acusações.

ATOR:
E o tenente?

ATOR JOVEM:
Não sabe o que fazer. Não tem a menor noção do que está acontecendo, o coitado.

ATOR:
Vão querer as minhas impressões digitais, também?

ATOR JOVEM:
Estão escolhendo um representante de cada parte prejudicada pra acompanhar as suas declarações. Não se conformam de você não sair daqui preso.

EMPRESÁRIA:
Uma batalha campal.

ATOR:
A floresta de Birnam se move, finalmente.

EMPRESÁRIA:
Quais são as partes prejudicadas? Os atrasados e os expulsos?

ATOR:
Eles vêm até aqui pra garantir que eu não deturpe os fatos?

ATOR JOVEM:
Todos achando que vamos mentir pra polícia.

ATOR:
Nossa sina.

ATOR JOVEM:
Mentir pra polícia?

ATOR:
Sermos chamados de mentirosos. Os que fingem. É a herança que Téspis, o inventor do ator, nos deixou.

ATOR JOVEM:
Téspis?

ATOR:
Nunca ouviu falar? Empresário teatral grego do século VI a.C.

ATOR JOVEM:
Ele inventou o ator?

ATOR:
Num rasgo de criatividade.

ATOR JOVEM:
Que que ele fez?

ATOR:
Colocou num espetáculo o primeiro ator da história do teatro separado do coro.

ATOR JOVEM:
Nas tragédias.

ATOR:
O texto era sempre recitado por um coro, uniforme, sem conflitos.

ATOR JOVEM:
Chato pra cachorro.

ATOR:
Ao destacar alguém do coro, Téspis revolucionou a arte do teatro. E inventou o ator.

ATOR JOVEM:
Obrigado, Téspis.

ATOR:
Ele não estava pensando exatamente em você quando fez isso.

EMPRESÁRIA:
Não seja cruel.

ATOR:
Mas foi uma grande novidade. Tão grande que o máximo que eles conseguiram fazer, depois disso, foi botar três atores do coro pra contar suas histórias. Durante séculos ninguém conseguiu inventar mais nada.

ATOR JOVEM:
E aí?

ATOR:
A coisa ficou mais forte, é claro, mais impactante. Você podia se envolver. Se projetar. Se identificar.

Ouvem-se vaias.

EMPRESÁRIA:
Há controvérsias.

ATOR:
Um dia, Sólon, o grande legislador...

O Ator aponta para o fundo da plateia. O Ator jovem e a Empresária olham para lá. Se o público olhar também, melhor.

ATOR:
Não. Não precisa olhar pra lá. Não tem nenhum Sólon ali. Só fiz o gesto pra reforçar a narrativa.

O Ator retoma, apontando.

ATOR:
Sólon...

O Ator jovem olha.

ATOR:
Já falei que ele não está lá. Você olhou de novo.

ATOR JOVEM:
Desculpa.

ATOR:
O grande legislador deu os ares da sua graça num teatro e ficou impressionado com a força do espetáculo.

ATOR JOVEM:
Não bocejou.

ATOR:
Mas resolveu impedir Téspis de continuar representando.

ATOR JOVEM:
Já naquela época eles faziam isso?

ATOR:
Disse que se a mentira fosse ensinada assim tão descaradamente nos palcos, não conseguiríamos impedi-la de sair às ruas. Nossa sina.

ATOR JOVEM:
A herança de Téspis.

ATOR:
Hoje, os legisladores mentem descaradamente nas ruas e talvez o único resquício de verdade ainda esteja na ilusão de uma peça de teatro.

EMPRESÁRIA:
Você é impressionante mesmo.

ATOR:
Por quê?

EMPRESÁRIA:
A gente te dá um pé de galinha e você faz uma canja. O mundo inteiro caindo à sua volta e você se lembra de Téspis.

ATOR:
É o que me resta, meu anjo. Eu sou um pobre contador de histórias.

Batem na porta.

ATOR:
Eis que chega o Inspetor Geral.

Entra o Tenente.

TENENTE:
Com licença?

ATOR:
Pois não, coronel.

A Empresária balança a cabeça.

TENENTE:
Tenente, por favor.

EMPRESÁRIA:
Por favor, tenente.

O Tenente não tira os olhos do Ator.

TENENTE:
O senhor sabe, eu tô até meio nervoso. A minha mãe não perde uma novela sua, é fã do senhor desde que era pequenininha.

ATOR:
É verdade, eu estou ficando velho.

Toca um celular na plateia. Todos olham. O celular continua. O Ator se levanta calmamente e desce do palco. Vai até o celular.

ATOR:
Deixa que eu atendo.

O Ator pega o celular e volta pro palco falando nele.

ATOR:
Alô. Sinto muito, no momento ela não pode atender. [*pausa*] Pois não. [*pausa*]

O Ator olha para a pessoa que estava com o celular.

ATOR:
É pra você não esquecer de levar o frango assado.

Volta a falar no celular.

ATOR:
Mais uma alguma coisa? [*pausa*] Às ordens.

O Ator desliga o celular e joga num lixo ao lado da bancada. O Ator fala para a dona do celular.

ATOR:
Depois do espetáculo você vem buscar, tá, meu bem?

A cena segue normal.

TENENTE:
Seria muito incômodo o senhor me dar um autógrafo pra eu levar pra minha mãe?

O Ator começa a assinar de má vontade.

TENENTE:
Minha mulher nem vai acreditar quando eu contar que estive com o senhor.

ATOR:
Então não conte.

O Ator estende o autógrafo. O Tenente tira uma máquina fotográfica do bolso.

ATOR:
O senhor anda sempre com uma maquininha dessas no bolso?

TENENTE:
O senhor se importa de tirar uma foto comigo?

ATOR:
É pra isso que ela serve, não?

A Empresária corre pra fotografar os dois. O Tenente abraça o Ator.

ATOR:
Pra fotografar cadáveres.

EMPRESÁRIA:
Para!

ATOR:
Espero que não o acusem de ter sido subornado.

TENENTE:
Eu nem conto pra ninguém.

ATOR JOVEM:
Por favor, Tenente, vamos acabar logo com isso. O dia hoje foi longo.

TENENTE:
Eu vou lá chamar os representantes.

O Tenente sai.

EMPRESÁRIA:
Por favor?

ATOR:
Que que eu fiz?

ATOR JOVEM:
Fica calmo, tá?

ATOR:
Uma seda.

O Tenente entra, atrás a Mulher.

TENENTE:
Esta senhora é a representante dos que chegaram atrasados.

A Empresária se espanta. A Mulher faz um sinal sisudo com a cabeça. O Tenente olha pra fora.

TENENTE:
Por favor, senhor? Este é o representante...

Consulta umas notas.

EMPRESÁRIA:
Dos expulsos.

TENENTE:
Eles foram expulsos?

Entra o Homem com uma camisa florida, tipo havaiana. O Ator, que estava sentado, dá um pulo. Todos se assustam.

ATOR:
Tira esse homem daqui!

EMPRESÁRIA:
Que foi?

ATOR:
Eu não vou me responsabilizar pelo que possa acontecer!

HOMEM:
Ele tá nervoso, segura ele!

ATOR:
Tirem esse homem daqui!

Fala para o Ator jovem.

ATOR:
É o dos dedinhos!

EMPRESÁRIA:
Que dedinhos?

ATOR JOVEM:
Tô achando melhor ele sair.

ATOR:
Saia já daqui!

HOMEM:
Que que eu faço?

TENENTE:
O senhor se acalme, por favor.

ATOR:
O palco é sagrado, ouviu bem? O senhor é uma afronta. Eu conheço bem o seu tipo.

HOMEM:
Eu nem conheço o senhor.

ATOR:
Saia já daqui.

O Ator vai para cima dele. A zona está feita. Todos falam ao mesmo tempo, enquanto tentam conter o Ator.

HOMEM:
Segura.

MULHER:
Que gente louca, meu Deus.

TENENTE:
Vamos ter calma, por favor?

HOMEM:
Segura ele aí.

EMPRESÁRIA:
Que que houve?

ATOR:
Foi por causa dele, o senhor não entende?

O Ator tenta avançar mais uma vez.

TENENTE:
Calma, calma! CALMA!

Todos param, ofegantes.

ATOR:
Nós estamos diante de um dos responsáveis pelo que aconteceu aqui hoje. Eu não vou conseguir me controlar.

HOMEM:
Eu não fiz nada.

TENENTE:
O que que está acontecendo?

O Ator se controla.

ATOR:
O que o senhor diria de alguém, que o senhor não conhece, que entrasse na sua casa, tirasse os sapatos, as meias, pusesse os pés em cima da mesa e ficasse fazendo assim com os dedinhos? [*imita*] Assim?

TENENTE:
Seria falta de educação.

ATOR:
Ele fez isso!

HOMEM:
Eu nunca fui na sua casa.

ATOR:
Aqui é a minha casa. Ele pôs os pés em cima do palco!

HOMEM:
Eu tava cansado.

ATOR:
Aqui não é uma sauna.

TENENTE:
Tudo bem.

HOMEM:
Meus pés estão limpos.

O Ator se atira outra vez. Seguram.

TENENTE:
Por favor, senhor, assim não vai dar.

Fala para o Homem.

TENENTE:
O senhor fique mais afastado, ali, no canto, por favor. Vamos tentar conversar com um pouco de civilidade, positivo? O elemento cometeu um erro, tudo bem, já vamos ver isso. Uma coisa de cada vez, correto?

HOMEM:
Agora quem não quer mais ficar aqui sou eu.

TENENTE:
O senhor também se acalme, por favor. Lá pro canto.

O Homem vai se sentar numa cadeira afastada, num canto.

TENENTE:
Minha senhora.

Aponta uma cadeira para a Mulher se sentar. Ela se senta, temerosa.

TENENTE:
Como dizia o esquartejador: vamos por partes.

O Tenente ri sozinho da piada.

TENENTE:
Esta senhora aqui representa as [*consulta as notas*] 22 pessoas que chegaram atrasadas e não conseguiram entrar.

EMPRESÁRIA:
O espetáculo já havia começado.

TENENTE:
Mas elas compraram o ingresso.

EMPRESÁRIA:
Está escrito no ingresso que é proibida a entrada depois do início do espetáculo.

A Empresária dá um ingresso para o Tenente.

TENENTE:
E aquele senhor ali, no canto, representa...

O Tenente consulta as notas.

ATOR:
Isso aí não representa nada.

HOMEM:
Olha aí? Tá ofendendo.

TENENTE:
Representa...

EMPRESÁRIA:
Os 1.148.

TENENTE:
Mil cento e quarenta e oito! Que se dizem lesados porque não conseguiram assistir ao espetáculo até o fim.

ATOR JOVEM:
Ele foi aplaudido quando interrompeu o espetáculo.

TENENTE:
Não consta.

ATOR:
Mas ele está lhe dizendo. Não tem ninguém aí representando os que entenderam o meu gesto?

TENENTE:
Se tinha, já foram todos embora.

EMPRESÁRIA:
Afinal, você acha que tinha alguém que valia a pena na plateia?

O Ator faz que não ouve.

ATOR:
Esse julgamento não será justo.

TENENTE:
Por favor, não é um julgamento.

ATOR:
Tem duas pessoas me acusando e não é um julgamento?

TENENTE:
O senhor pode apresentar a sua própria defesa.

Fala para a Mulher.

TENENTE:
A senhora tem a palavra, por favor. Seja breve.

MULHER:
Meu Deus do céu. Nem sei como começar.

EMPRESÁRIA:
A senhora poderia tentar começar pelo começo.

MULHER:
Sim, pelo começo. Obrigada. Eu sou evangélica. Isso pode não parecer muita coisa nesta confusão toda, mas frequento a igreja todas as noites, não tenho tempo de ir ao teatro. Mesmo porque todos nós sabemos que o teatro e a televisão são obras de Satanás.

ATOR:
Nós temos que ficar quietos?

TENENTE:
Por favor.

MULHER:
Meu marido odeia essas coisas. Diz que é um antro de homossexuais e drogados.

ATOR:
Tem certeza de que nós temos que ficar quietos?

TENENTE:
A senhora também podia aliviar um pouco, né?

MULHER:
Que que eu posso fazer? É o que dizem por aí.

ATOR:
Deixa eu responder só um pouquinho.

TENENTE:
Já vai chegar a sua vez.

MULHER:
Meu marido chega cansado do trabalho e já vai ver seu futebol, adora futebol. Ele também é evangélico, mas não frequenta a igreja tanto quanto eu.

O Ator jovem fala para a Empresária.

ATOR JOVEM:
Fé de menos.

MULHER:
Se for pra ficar ouvindo gracinhas, eu prefiro ir embora.

O Ator fala baixo para a Empresária.

ATOR:
Parece que a nossa senhora levou o seu conselho a sério demais.

EMPRESÁRIA:
É, tá muito no começo.

A Mulher olha para o Tenente.

TENENTE:
Por favor, continue.

MULHER:
Consegui convencer meu marido a vir assistir a essa peça. Não sei por que eu fiz isso. Me disseram que era um clássico, sei lá.

ATOR:
Macbeth, de Shakespeare.

MULHER:
É, uma coisa assim. Hoje é dia de final de campeonato, o senhor imagina o que seja tirar ele da frente da televisão em dia de final de campeonato?

ATOR:
Deve ser muito difícil.

MULHER:
Só Deus sabe como eu consegui convencê-lo a vir.

ATOR:
Não teve medo de se contaminar?

MULHER:
Não veio muito feliz, mas veio. Saímos de casa uma hora antes. Um trânsito infernal. Já não tem mais hora, nem dia, nem lugar, um inferno, mas estávamos vindo. Deus sabe que tudo ia dar certo, quando o carro parou num farol fechado...

A Mulher interpreta um susto, como se alguém tivesse chegado ao lado dela.

MULHER:
... e eu dei de cara com um homem horrível, armado, do meu lado da janela, apontando um revólver pra mim. Tapei o grito na boca e olhei pro meu marido.

A Mulher interpreta, satisfeita com a plateia atenta.

MULHER:
Ele estava sendo assaltado, do outro lado. Um outro homem, com uma arma enorme na mão, arrancava o relógio de ouro dele com tanta força que eu pensei que o braço ia junto. Ficamos ali, parados, sem saber o que fazer.

ATOR JOVEM:
Agora pesou.

A Mulher se envolve na própria narrativa e, trágica, vai ficando cada vez mais nervosa até explodir no fim.

MULHER:
O teatro é muito fora de mão, mas nós estávamos aqui, seu Tenente, o senhor acredita? O assalto foi aqui, aqui na esquina, quase chegando. Meu marido, branco de raiva, não falou uma palavra até que me deixou aqui na porta do teatro e continuou dirigindo o carro pro estacionamento. A rua cheia de mulheres da vida, um horror, ali, misturadas com a gente. E o preço do ingresso tão caro. Fiquei na porta esperando, enquanto ele ia estacionar. Tinha que ter manobrista aqui na porta, isso é um absurdo, e eu não podia entrar sem ele, é claro. E ele chegou: um minuto depois de a porta ter fechado. O senhor acredita numa coisa dessas? Um minuto! Eu nunca vou me esquecer o olhar de ódio que ele me dirigiu. Foi horrível. A pior noite da minha vida. Bateram a porta na nossa cara. Na nossa cara. Essa mulher aí, foi ela mesma quem fechou. E ficou lá, do lado de dentro, olhando pra nós, pelo vidro, com cara de vitoriosa. Rindo, a debochada. Meu marido simplesmente virou as costas e foi embora, me largou aqui, sozinha. Eu estava tão chocada que nem sabia o que fazer. Me deixou sozinha. Com que cara eu vou voltar pra casa, meu Deus? Ele deve estar uma fera. E isso não é coisa que se faça com pessoas de bem. Vocês ouviram? Não é coisa que se faça. Eu exijo uma reparação, ou vocês vão se arrepender pro resto das suas vidas. Vocês não sabem com quem estão lidando.

Silêncio. A Mulher se recompõe.

MULHER:
Uma coisa eu posso lhes garantir: nunca mais, enquanto eu for viva, vou pôr os pés num teatro outra vez.

Ator jovem para a Empresária.

ATOR JOVEM:
Espero que ela não venha depois de morta.

MULHER:
O senhor é muito engraçadinho, mas agora eu quero os meus direitos. Onde estão os meus direitos? E não vou sair daqui sem eles, porque vocês começaram pontualmente, tudo bem, mas agora eu quero que vocês saibam que aqui não é a Inglaterra e o senhor não é a rainha da cocada preta.

Silêncio.

EMPRESÁRIA:
Posso falar?

TENENTE:
Com a palavra: a defesa.

EMPRESÁRIA:
A sua história é realmente perturbadora.

ATOR:
Uma verdadeira tragédia grega.

EMPRESÁRIA:
Mas eu não posso acreditar que a senhora pense que nós somos os responsáveis por tudo o que lhe aconteceu.

ATOR JOVEM:
Isto aqui é um teatro, minha senhora, não é a Prefeitura.

MULHER:
Se esse senhor fizer mais um comentário jocoso eu vou embora.

A Empresária para o Ator jovem.

EMPRESÁRIA:
Você não quer dar um pulo lá na frente, pra ver como andam as coisas?

ATOR JOVEM:
Não quero perder isto daqui por nada neste mundo.

EMPRESÁRIA:
Eu deixei o bilheteiro sozinho oferecendo convites pra quem quisesse voltar outro dia, não sei se ele vai dar conta do recado. Por favor?

O Ator jovem se levanta a contragosto.

ATOR JOVEM:
Sacanagem.

O Ator jovem sai.

EMPRESÁRIA:
A cidade está horrível mesmo, não é?

MULHER:
Uma desgraça.

EMPRESÁRIA:
O trânsito, a violência, a prostituição.

MULHER:
Aqui na esquina e nenhum guarda por perto.

EMPRESÁRIA:
Nós também não podemos fazer nada com relação a isso. Somos vítimas, como a senhora. Também passamos por tudo isso pra chegar aqui. Diariamente.

MULHER:
Vocês não levam uma porta fechada na cara no final das contas.

EMPRESÁRIA:
Porque nós chegamos antes. Também não temos como devolver o relógio ou o humor do seu marido e nem sequer sabemos quem venceu a final do campeonato de futebol. Então que tal falarmos só sobre o atraso?

MULHER:
Não foi culpa minha.

EMPRESÁRIA:
Tenho certeza de que cada um dos outros 21 espectadores, que também chegaram atrasados e que a senhora está representando aqui, tem alguma história parecida pra contar, umas piores, outras nem tanto, mas apenas uma coisa em comum: todos chegaram atrasados.

MULHER:
Um minuto.

EMPRESÁRIA:
Trinta segundos que sejam. Dentro do teatro, nós tínhamos outros 1.148 espectadores que passaram pela mesma guerra civil que a senhora, mas conseguiram chegar na hora, e tinham o direito de não esperar um segundo além do horário marcado pra começar.

MULHER:
Então foi um castigo?

EMPRESÁRIA:
Nós começamos na hora, não pra castigar os que chegaram atrasados, mas em respeito aos que já estavam aqui esperando.

HOMEM:
E que não conseguiram ver a peça até o fim.

TENENTE:
O senhor aguarde a sua vez, por favor.

HOMEM:
Desculpa. Pensei alto.

TENENTE:
Por favor?

HOMEM:
Mas foi o que aconteceu.

TENENTE:
Na sua vez.

HOMEM:
Tô quieto.

TENENTE:
Por favor.

Pausa.

HOMEM:
Tava pensando alto.

MULHER:
A senhora está querendo dizer que isso tudo vai dar em nada e ficar tudo por isso mesmo?

EMPRESÁRIA:
Nós nos propusemos a lhe dar convites para outro dia...

MULHER:
Nunca mais na minha vida.

EMPRESÁRIA:
... ou a devolver o dinheiro do ingresso.

MULHER:
E fica por isso mesmo?

O Tenente com o ingresso na mão.

TENENTE:
Aqui tá escrito mesmo que é proibida a entrada depois do início do espetáculo.

MULHER:
Pois fique o senhor sabendo que eu vou procurar um advogado, isso não vai ficar assim, não.

TENENTE:
Acho que a senhora vai perder a causa.

MULHER:
Agora o senhor passou pro lado deles, também? Já entendi.

TENENTE:
A senhora me respeite.

MULHER:
Eu sabia que ia terminar assim. Estão todos mancomunados. É uma máfia.

TENENTE:
A senhora não me desacate.

MULHER:
Os senhores não sabem com quem estão falando. Eu sou filha de um general e cunhada de um desembargador da República. E eu quero o seu nome, Tenente, pois vou levar uma queixa aos seus superiores.

TENENTE:
Foi bom mesmo a senhora tocar nesse assunto, porque eu também faço questão de que a senhora me dê todos os seus dados, pra constar do processo.

MULHER:
Pois pode anotar.

A Mulher e o Tenente se afastam. A Empresária fala baixo para o Ator.

EMPRESÁRIA:
Filha de uma puta!

ATOR:
Que foi?

EMPRESÁRIA:
Eu tô aqui me controlando pra não perder as estribeiras. Vocês não viram essa mulher lá fora. Ela gritava, chutava a porta do teatro, falava palavrões...

ATOR:
A evangélica?

EMPRESÁRIA:
Se for verdade que ela é mesmo evangélica, deve ir à igreja toda noite pra tirar o diabo do corpo, a desgraçada.

ATOR:
E o marido?

EMPRESÁRIA:
Um pobre coitado, morrendo de vergonha, tentava impedir, falando baixinho: "Não faz assim, meu amor, calma, benzinho, a gente volta outro dia", mas quase apanhou dela, também na frente de todo mundo. Todos os outros atrasados queriam o convite pra outro dia e ela não deixava, ficava lá, gritando, ofendendo, apoplética. Foi horrível.

O Ator se dirige à Mulher.

ATOR:
A senhora já ouviu falar das batidas de Molière?

MULHER:
Não, senhor, eu não bebo.

ATOR:
As batidas de Molière não são uma bebida, minha senhora. E Molière não foi um garçom. Foi autor e ator de teatro.

MULHER:
Sim, e daí?

O Ator pega uma vassoura e a Mulher sai correndo.

MULHER:
Esse homem vai me agredir.

O Tenente se adianta.

ATOR:
Por favor, Tenente, embora ela mereça, não é essa a minha intenção.

MULHER:
O senhor é muito atrevido.

ATOR:
As batidas de Molière, minha senhora, são a origem dos sinais para o início de um espetáculo.

MULHER:
Ora, por favor, não me aborreça. Isso não tem nada a ver com o que estamos discutindo aqui.

TENENTE:
O assalto da senhora também não.

MULHER:
Mas eu cheguei atrasada por isso.

ATOR:
E nós não a deixamos entrar por isso: século XVII. O responsável pelo bastão ficava atento à entrada do teatro. O rei chegava. Abre parênteses: era ele quem pagava todos aqueles atores. Ele sozinho, o rei da França. E os atores eram os comediantes do rei. Fecha parênteses.

A Mulher para o Tenente.

MULHER:
O senhor vai deixar essa palhaçada continuar?

TENENTE:
Tá mais divertida que a sua.

EMPRESÁRIA:
O rei entrava.

ATOR:
O homem do bastão batia no chão.

O Ator bate com a vassoura uma vez.

EMPRESÁRIA:
Era o primeiro sinal?

ATOR:
Muito bem. Você pegou.

MULHER:
Eu não vou ficar a noite inteira aqui, ouvindo essa baboseira.

ATOR:
Só tem um detalhe: os atores só estavam lá à espera do rei.

A Mulher ameaça sair.

MULHER:
Com licença.

TENENTE:
A senhora senta aí.

A Mulher senta, ofendida.

TENENTE:
Agora é a vez dele.

ATOR:
O restante da plateia ia se divertir às expensas dele, todo mundo de graça, na maior mordomia, mas tinham que esperar ele chegar. Era a única coisa chata: o espetáculo só começava quando o rei chegava.

O Ator pede silêncio. Ouve-se a musiquinha de um relógio na plateia. Todos olham, inclusive a Mulher. O Ator desce do palco e vai até ele.

ATOR:
Tá na hora de tomar remédio? [*pausa*] Ele disse que não está doente. Por que você não desliga essa porcaria? [*pausa*] Não é uma porcaria? É caro? Deixa eu ver?

O Ator pega o relógio.

ATOR:
Não dava pra tirar antes de vir pro teatro? [*pausa*] Já acostumou com a musiquinha. Mas nós não, viu? Desliga aí. [*pausa*] Não sabe como? Não leu o Manuel? Aquele livrinho? [*pausa*] É muito grosso.

O Ator volta pro palco com o relógio e joga no mesmo lixo do lado da bancada.

ATOR:
Depois do espetáculo você vem pegar, tá?

MULHER:
Que absurdo.

ATOR:
Onde é que a gente estava?

TENENTE:
No primeiro sinal.

ATOR:
Então, o rei já tinha entrado. Aí, ele parava diante do trono, estrategicamente colocado, para ele, no meio do salão, o melhor lugar da plateia. O homem do bastão?

O Ator bate duas vezes no chão com a vassoura.

EMPRESÁRIA:
O segundo sinal e depois o terceiro.

ATOR:
Só que você atropelou. O segundo sinal, sim. O terceiro só era dado depois que o rei se sentava. Ele era o rei da França, patrocinador absoluto daqueles pobres atores, ele podia ficar ali de pé, conversando com a corte a noite inteira se quisesse. O espetáculo podia esperar. Mas quando ele se sentasse...

O Ator bate repetidamente com a vassoura no chão e depois finaliza com três batidas distintas.

ATOR:
... o espetáculo começava...

Uma batida.

ATOR:
... imediatamente depois...

Outra batida.

ATOR:
... que a bunda do rei tocasse o assento do trono.

Última batida.

MULHER:
Uma história tão antiga, vocês já deveriam ter aprendido como deve ser.

ATOR:
Não, minha senhora. Hoje em dia, nós não esperamos mais pelo rei da França. O espetáculo tem hora marcada pra começar, sim, senhora. E nós vamos respeitar os horários.

TENENTE:
Então é por isso que tem os três sinais, é?

MULHER:
Cultura inútil e vazia. Pois fique o senhor sabendo que o patrocínio do rei foi trocado pelo preço dos ingressos, na porta do teatro. Os senhores devem satisfações a todos nós que pagamos para entrar, como deviam ao seu rei da França.

EMPRESÁRIA:
Democratizamos o financiamento.

MULHER:
Eu não vou admitir...

ATOR:
Isso quer dizer que somos todos iguais na plateia. Aqueles que chegam atrasados e se acham no direito de estragar a festa da maioria ainda pensam que são o rei da França. A Revolução Francesa cortou a cabeça deles, minha senhora. Somos bonzinhos: apenas não deixamos entrar.

MULHER:
Pois fiquem os senhores sabendo, o senhor também, Tenente — eu tenho o seu nome —, que eu vou sair daqui e vou direto aos jornais, à televisão, às rádios, ao diabo que os carregue e não vou descansar um só dia da minha vida enquanto não fechar esta porcaria de teatro. E passem bem.

A Mulher sai, furiosa. Silêncio.

ATOR:
O sonho dos evangélicos: ocupar nossos teatros.

TENENTE:
Que mulherzinha.

ATOR:
Por que você se controlou? Tinha que ter dado um chega pra lá nela.

EMPRESÁRIA:
Você já tava nervoso o bastante pra eu ainda ficar botando mais lenha na fogueira.

TENENTE:
Mulher de pelo nas ventas.

EMPRESÁRIA:
Me chamou de galinha lá fora, me cuspiu na cara.

TENENTE:
A senhora devia ter contado, a gente não perdia tempo com as histórias dela.

EMPRESÁRIA:
Tudo mentira. Duvido até que teve assalto. Se bobear, o marido ainda vai apanhar quando chegar em casa.

Barulho de vidros quebrando.

ATOR:
Os mansos herdarão o reino dos céus.

O Ator jovem entra, esbaforido.

ATOR JOVEM:
Corre lá, gente, que a mulher acabou de quebrar o vidro da frente.

TENENTE:
Que que é isso?

EMPRESÁRIA:
Miserável.

O Tenente sai correndo, acompanhado da Empresária. O Ator desaba na cadeira.

ATOR JOVEM:
Rapaz, que dia!

ATOR:
Você gostou, confessa.

ATOR JOVEM:
Pode ficar calmo, viu, que tudo se resolveu lá fora. Cheguei e não tinha mais ninguém, já tinham ido embora. O bilheteiro disse que todos se acalmaram depois que a jararaca deixou de instigar e aceitaram convite pra outro dia, e que uns poucos vinham pegar o dinheiro de volta amanhã.

ATOR:
Tudo está bem quando acaba bem.

ATOR JOVEM:
E aí... Tchan, tchan, tchan, tchan. Não te contei ainda: dezenas, milhares de equipes de televisão, rádio, jornais.

ATOR:
Aqui, no teatro?

ATOR JOVEM:
Ali, na porta, todos me cercando, me entrevistando, querendo saber. Maior sucesso, cara.

ATOR:
Quando a gente precisa de divulgação nem uma linha.

ATOR JOVEM:
Foi o máximo. Amanhã vai ter cadeira extra, cê vai ver. E eu vou aparecer no jornal da meia-noite. Quem sabe até me chamam pra novela das oito. Vou avisar minha mãe.

ATOR:
Pelo menos essa bagunça vai servir pra alguma coisa. Você vai ter os seus 15 minutos de fama.

O Ator começa a apagar as luzes da bancada.

ATOR:
Vamos embora, vai. Vamos pra casa, que amanhã é outro dia.

Os dois começam a sair quando dão de cara com o Homem, ainda sentado no canto.

ATOR JOVEM:
O que que é isso?

ATOR:
Tira esse bicho daqui.

HOMEM:
Tá ofendendo, outra vez.

ATOR:
Que que o senhor está fazendo aqui, ainda?

HOMEM:
Tô esperando a minha vez, não mandaram esperar? Então?

ATOR:
O senhor vai me desculpar, mas já resolvemos o assunto. Agora nós estamos fechando.

HOMEM:
Eu tô aqui representando os 1.148 que não conseguiram ver o show até o fim.

ATOR:
Em primeiro lugar, aqui não tem show coisa nenhuma pra ninguém ver.

HOMEM:
Tem o quê, então?

ATOR:
O senhor tá brincando comigo, é?

HOMEM:
Se não é um show, é o quê?

O Ator para o Ator jovem.

ATOR:
Eu tô falando: ele tava passando aí na porta e jogaram ele aqui dentro. Nem sabe o que veio ver.

HOMEM:
Vim ver um show, sim, senhor. Um show de teatro.

Silêncio.

ATOR:
Vem pra cá, sai do escuro.

O Homem se adianta.

ATOR:
O senhor veio ver um show de teatro?

HOMEM:
Foi o que eu vim ver.

Alguém se levanta na plateia, fazendo barulho. O Ator fala para a pessoa.

ATOR:
Vai fazer xixi ou não tá gostando?

PESSOA:
Fazer xixi.

ATOR:
Quando voltar faz menos barulho, tá?

PESSOA:
Legal.

A cena continua normalmente.

ATOR JOVEM:
Mas não vai ter mais nada aqui hoje. O senhor não ouviu dizer que já foi todo mundo embora? Não tem mais ninguém pro senhor representar aqui não, viu?

HOMEM:
E aí? Como fica?

ATOR JOVEM:
Vamos lá pra frente que a gente te dá um convite pra outro dia e festa acabada.

HOMEM:
Mas eu não vou poder voltar outro dia.

ATOR JOVEM:
Olha, por favor...

HOMEM:
Eu não sou daqui, moço, e eu vim só pra ver...

ATOR JOVEM:
A gente devolve o dinheiro, então.

ATOR:
Não. Pera aí.

O Homem começa a sair, amolece o corpo e quase cai.

ATOR:
Que que foi, seu?

O Ator jovem o ampara.

HOMEM:
Desculpa, deu uma tonteira.

ATOR:
Segura ele aí.

O Ator vai pegar uma cadeira.

ATOR:
Você não é daqui de São Paulo?

HOMEM:
Sou não, senhor.

ATOR JOVEM:
Vamos saindo, então.

ATOR:
Pera aí.

Para o Homem.

ATOR:
O senhor veio de muito longe?

HOMEM:
Muito longe.

ATOR:
Ah, meu Deus. Já jantou?

HOMEM:
Jantei não.

ATOR:
Quer comer alguma coisa?

HOMEM:
Era bom. Tô em jejum.

A Empresária entra.

EMPRESÁRIA:
Vocês não vão acreditar. Deus escreve certo por linhas tortas. Aleluia! Estamos vingados, gente. A perua saiu daqui do jeito que o diabo gosta: de camburão. Vocês acreditam que nós chegamos lá e ela tava quebrando a porta de vidro do teatro? O Tenente levou na hora, menino. Flagrante delito. A filha do general vai ter que mexer os pauzinhos pra sair dessa.

Percebe a situação.

EMPRESÁRIA:
Esse cara ainda tá aqui?

O Ator para o Ator jovem.

ATOR:
Você se incomoda de ir comprar um sanduíche e um leite no bar da esquina?

ATOR JOVEM:
Tudo bem.

O Ator jovem sai.

EMPRESÁRIA:
Perdi alguma coisa?

ATOR:
Ele tá fraco.

HOMEM:
Não quero dar trabalho.

ATOR:
Trabalho nenhum, a comida já vem. Me conta essa história?

HOMEM:
Que história?

ATOR:
Como é que você veio parar aqui?

HOMEM:
Eu sempre quis ver um show.

EMPRESÁRIA:
Um show?

ATOR:
Um show de teatro.

HOMEM:
Lá onde eu moro sempre aparecem uns cantores, uns conjuntos na pracinha, mas teatro nunca. Nem cinema tem lá.

EMPRESÁRIA:
Você nunca tinha visto uma peça antes?

HOMEM:
Hoje era a primeira vez.

EMPRESÁRIA:
Não era o seu dia.

ATOR:
E aí? Me conta.

O Ator se senta numa cadeira ao lado do Homem. A Empresária do outro lado.

HOMEM:
Um compadre meu viu, uma vez.

EMPRESÁRIA:
Uma peça de teatro?

HOMEM:
Me disse que era a coisa mais linda. Ele viu e me contava a história sempre que a gente cruzava. E eu não cansava de ouvir.

ATOR:
Você se lembra da história?

HOMEM:
Todinha. Era um cara com um nariz comprido.

EMPRESÁRIA:
Pinóquio?

HOMEM:
Não era esse o nome dele não. Era um nome difícil de falar e era muito engraçado. Ficava triste no fim. Eu acabava sempre chorando quando o compadre contava pra mim.

ATOR:
Cyrano de Bergerac.

HOMEM:
É esse o nome. Como o senhor sabe?

ATOR:
Por causa do nariz.

HOMEM:
Era grande, não era?

ATOR:
Enorme.

HOMEM:
Então. Eu sempre disse pra mim: eu tenho que ver uma coisa dessas de perto. Um dia eu vou ver. Aí eu vim.

EMPRESÁRIA:
Veio como?

HOMEM:
De carona. O dinheiro só ia dar pra comprar uma entrada.

ATOR:
Você juntou o dinheiro do ingresso e veio de carona. E ia voltar como?

HOMEM:
De carona, do mesmo jeito. [*pausa*] Deu tudo errado. Por que o senhor parou? Eu tava gostando.

ATOR:
Não fala assim, por favor.

O Ator jovem entra.

ATOR JOVEM:
Comida.

Estende para o Homem o sanduíche. O Ator segura o copo de leite.

ATOR:
Vai comendo. Eu seguro o leite pra você.

O Homem começa a comer, esfomeado.

ATOR JOVEM:
Come devagar que tem outro.

ATOR:
Deus avisou Abraão que ia destruir Sodoma e Gomorra pelos seus pecados. Abraão se revoltou.

EMPRESÁRIA:
Esse negócio de evangélico pega, hein?

ATOR:
Não me lembro direito, mas acho que foi a primeira vez que Abraão enfrentou seu Deus, assim cara a cara. "E os homens honestos também serão sacrificados?"

ATOR JOVEM:
Que que foi? Cê tá bem?

ATOR:
Deus, então, retrucou que se Abraão encontrasse cinquenta homens honestos em qualquer das cidades, elas seriam poupadas. "E se eu encontrar 45 homens honestos, ainda assim serão destruídas?", disse Abraão, tentando enrolar Deus. "Se você encontrar 45 homens honestos, as cidades serão preservadas." Abraão era tinhoso, não deu o braço a torcer: "E se forem trinta os homens honestos, ainda assim elas serão arrasadas?" Não me lembro bem do fim dessa briga, mas parece que Deus tinha

razão, afinal. Abraão não conseguiu encontrar os seus homens honestos e as cidades foram arrasadas numa terrível explosão. Não sei como também naquela época já rolava essa história de nepotismo, Abraão deu um jeito de avisar um primo seu, e Lot conseguiu escapar das chamas divinas com a mulher e as filhas.

EMPRESÁRIA:
Que que é isso?

ATOR:
Parece que hoje eu agi como um Deus irado, num daqueles maus dias, e não vi que na plateia tinha pelo menos um homem honesto. Arrasei com tudo.

O Ator jovem e a Empresária caem na gargalhada.

ATOR JOVEM:
Pelo amor de Deus.

EMPRESÁRIA:
Agora você exagerou. Tinha mais que um homem honesto.

ATOR JOVEM:
Que que quer dizer isso? Como um Deus irado?

EMPRESÁRIA:
Meu herói todo-poderoso. Acabamos de ouvir: o momento bíblico.

ATOR JOVEM:
Bravo!

O Ator jovem e a Empresária aplaudem.

ATOR:
Podem rir. Eu deixo.

ATOR JOVEM:
Ele deixa: como um Deus benevolente.

ATOR:
Vocês não entendem, claro. É muito sério o que a gente faz aqui em cima. A simples interrupção de uma função é um verdadeiro desastre ecológico, para mim.

ATOR JOVEM:
Mas foi você que parou!

EMPRESÁRIA:
É um trágico.

ATOR JOVEM:
Nem Téspis conseguiria inventar um ator assim.

ATOR:
Talvez vocês tenham razão.

EMPRESÁRIA:
É claro que temos razão.

ATOR:
Hoje não é meu dia.

ATOR JOVEM:
Tá no fim, graças a Deus.

ATOR:
É só teatro.

EMPRESÁRIA:
Já tá melhorando.

O Ator volta para perto do Homem.

ATOR:
Muito bem, meu amigo, que que eu posso fazer pra compensar essa tua perda?

HOMEM:
Eu queria ver o show.

ATOR:
Eu juro que se o resto do elenco estivesse aqui, eu faria o maior espetáculo da Terra só pro senhor ter o que contar de volta praquele seu compadre.

ATOR JOVEM:
Não seja por isso, que história não vai faltar, não é?

ATOR:
Só tem uma coisa, que eu não consigo aceitar até agora: por que você tirou os sapatos e pôs os pés em cima do palco?

HOMEM:
Eu não sabia que ia ofender.

ATOR:
Tudo bem, já passou. Por quê?

HOMEM:
Eu tava cansado. O caminhão me deixou na entrada da cidade, eu tive que vir a pé. Tinha que pôr os pés pra cima.

ATOR:
E ficar mexendo os dedinhos, assim?

HOMEM:
Tavam fervendo.

ATOR JOVEM:
Eu fico me perguntando qual seria a razão da batatinha frita.

ATOR:
Como é que é?

ATOR JOVEM:
Vai ver que a velhinha era diabética e precisava se alimentar de hora em hora.

ATOR:
Você tá me gozando, é?

ATOR JOVEM:
Pensa bem. E se a mulher da primeira fila tinha mesmo doença de São Guido? E ainda assim veio ao teatro porque adora o seu trabalho?

ATOR:
Para com isso.

EMPRESÁRIA:
Tá com remorso, é?

ATOR JOVEM:
Cada um podia ter uma razão pra fazer o que fez, é ou não é?

ATOR:
Você não estava em cena, lembra? Não sabe o galinheiro que estava instalado na plateia.

ATOR JOVEM:
E eram quantas as galinhas? Trinta? Quarenta? E as outras 1.100 pessoas que estavam doidas pra ver o espetáculo? Você não pensou nelas.

A Empresária para o Homem.

EMPRESÁRIA:
Alguma coisa o incomodou na plateia, hoje?

HOMEM:
Eu não vi nada, eu tava adorando. Não entendi por que que ele parou.

ATOR:
Esse não vale: tava com os pés em cima do palco.

ATOR JOVEM:
Mas ninguém prestou atenção nisso.

ATOR:
Eu prestei atenção.

HOMEM:
O senhor vê tudo que acontece na plateia?

ATOR:
Cada mosca voando.

HOMEM:
Pensei que vocês ficassem, tipo assim, tomados.

ATOR:
Aqui não é centro espírita, rapaz. Ninguém fica tomado, não.

EMPRESÁRIA:
Estava todo mundo adorando. Você não pode exigir que parem de respirar na plateia quando você está em cena.

Entra um áudio de ruídos da plateia. O som de um papel de bala. Aí, de um celular. Alguém tossindo. Outro tipo de tosse. Outro. O bipe de um relógio. Musiquinha. O ranger de uma cadeira. Tudo junto. Vai aumentando.

ATOR:
Para.

Silêncio. Foco de luz sobre o Ator.

ATOR:
Não é só disso que eu tô falando. Silêncio, por favor. É verdade: nós vivemos num país desacostumado ao ato de pensar. Nossa formação se reduziu àquela dúzia de filmes americanos com a sua fantástica linguagem traduzida em ação, ação, ação. Nosso exame vestibular em múltipla escolha reduz a capacidade de raciocínio ao acaso de uma loteria esportiva. Nosso padrão de televisão, ágil, esperto, rápido, dinâmico, prende a nossa atenção por no máximo sete minutos — o tempo aproximado de cada segmento antes do intervalo comercial. Nada nos exige maior reflexão. Mesmo o melhor programa está sujeito a essa lei férrea do tempo máximo de sete minutos. Então vou ao banheiro, tomo um café, telefono, descanso. Tenho tempo pra isso: o intervalo comercial (como em nenhuma outra parte do mundo) tem quase que os mesmos sete minutos de duração,

divididos em mensagens rápidas de quinze e trinta segundos que prendem a atenção (caso eu não tenha mais nada pra fazer) por um tempo cada vez menor. Estamos sendo reduzidos a máquinas instantâneas de pensamentos: ágeis, sagazes, vazias. Lemos muito pouco. Um best-seller, no Brasil, vende 100 mil exemplares, e comemoramos essa marca. Nossos melhores pensamentos, nossas maiores reflexões, nossa mais apurada percepção do mundo não passa dos sete minutos a que fomos condicionados.

A Mulher e seu marido entram no teatro, fazendo barulho, vão até uma fila do meio e começam a discutir em voz baixa com alguém. Até o fim da fala estarão de pé, zanzando pelo teatro.

ATOR:
Nossas emoções também obedecem a essa regra de tempo, e não é pra menos: a leitura diária dos jornais nos obriga a isso. Mas se fôssemos capazes de manter a nossa indignação por um espaço de tempo superior a sete minutos, só Deus sabe que caminhos estaríamos trilhando agora. Mas Deus deve saber o que faz. Conseguimos sair de casa e trocar a nossa raiva pelos sete vezes sete minutos do trânsito nosso de cada dia, pelos sete minutos constantes, mais de cem vezes ao dia, ininterruptos, interrompidos a cada sete minutos. Impossível, no fim do dia, lembrar de tudo isso. Um dia composto por mais de duzentos "sete minutos" nos levaria à loucura. Por isso não temos memória. E é preciso que isso aconteça pra que possamos sobreviver. Ou então revolucionamos de vez nossa concepção de tempo e não nos submetemos mais à ditadura dos sete minutos.

A Mulher e o marido se sentam ou vão embora.

ATOR:
E hoje, já que estamos todos aqui, exigimos atenção por um espaço de tempo maior. Nossos espetáculos duram mais do que sete minutos, e fazemos assim porque ainda achamos que é possível estarmos juntos por mais tempo, trocando, refletindo, sonhando. Que bom que você veio. Porque lemos todos os dias nos jornais o que devemos fazer, é bom que você esteja aqui conosco hoje pra dividirmos algumas dúvidas. Porque certezas nós temos muitas em comum: sabemos que as coisas não vão bem. Sabemos por quê, como, quando. Sabemos onde. Temos certeza da necessidade de mudança. Certeza de que quase não aguentamos mais. Andamos juntos em meio à mesma violência, sofremos as mesmas fomes. E talvez a nossa maior falha tenha sido a de nunca nos termos dado tempo pra discutir nossos erros. Mas exercitamos, desse nosso jeito atrapalhado, essa vontade de que um dia as coisas mudem. O palco de um teatro não pode decidir muita coisa no traçado desses caminhos. Mas aqui ainda é possível dizer: não sei. Talvez porque o nosso tempo aqui em cima seja diferente, ainda podemos sonhar. E estamos felizes que você esteja conosco hoje. Pra dividir nossas dúvidas, repartir nossos sonhos, multiplicar nossa vontade de que tudo isso, um dia, não passe de uma peça de teatro. [*tempo*] Mas sem interrupções, por favor.

Silêncio.

ATOR JOVEM:
Porra!

O Ator para o Homem.

ATOR:
Eu vou arranjar um lugar pra você dormir hoje e amanhã você volta aqui pra assistir o show de teatro que eu vou tentar fazer pra você.

ATOR JOVEM:
Deixa que eu cuido disso.

HOMEM:
Obrigado. Desculpa. Muito obrigado.

O Ator jovem e o Homem começam a sair.

ATOR:
Se você piscar na plateia, eu te mato.

HOMEM:
Não vou nem respirar, o senhor vai ver.

Saem.

EMPRESÁRIA:
Tá mais calmo agora?

ATOR:
Tô, obrigado.

EMPRESÁRIA:
O resto é silêncio.

ATOR:
O estar pronto é tudo.

EMPRESÁRIA:
Passarinho que come pedra sabe o cu que tem.

O Ator ri.

ATOR:
Fechou com chave de ouro, meu amor.

EMPRESÁRIA:
Deixa eu ir, então. Tem certeza de que não precisa de mais nada?

ATOR:
Você é uma grande companheira.

A Empresária dá um beijo na testa do Ator.

EMPRESÁRIA:
Você não vem?

ATOR:
Vai você. Vou ficar um pouco mais por aqui.

EMPRESÁRIA:
Você tá bem?

ATOR:
Eu gosto do teatro vazio. Fico sonhando.

EMPRESÁRIA:
Com ele cheio no dia seguinte?

ATOR:
É verdade. Só tem uma coisa melhor que o teatro cheio: o aplauso vibrante no fim de um espetáculo.

EMPRESÁRIA:
Você não tem do que se queixar. Tem tido os dois há anos.

ATOR:
O aplauso, nem sempre.

EMPRESÁRIA:
É mesmo?

ATOR:
Talvez a gente não tenha feito por merecer.

EMPRESÁRIA:
Amanhã vai ser diferente.

O Ator fica um tempo olhando para a plateia.

ATOR:
Eu tô exigindo muito deles, não tô?

EMPRESÁRIA:
Tá. Muito.

Ela dá um beijo nele e sai. Para antes de sair de vez.

EMPRESÁRIA:
Ainda bem.

Sai.

Silêncio.

O Ator jovem entra.

ATOR:
Que foi?

ATOR JOVEM:
Eu queria te falar uma coisa. Cê não fica bravo comigo?

ATOR:
Lá vem besteira.

ATOR JOVEM:
É só uma história pra completar aquela do Abraão, posso?

ATOR:
Desembucha, rapaz.

ATOR JOVEM:
Há um tempo atrás, você me deu um livro de presente, tá lembrado?

ATOR:
Não. Tô, tô lembrado, sim. E daí?

ATOR JOVEM:
Era uma autobiografia. Da Martha Graham, aquela bailarina moderna. Você sabe que eu não sou muito de ler, não tenho

saco, você vive me enchendo por causa disso, mas esse aí eu li inteirinho. Não me lembro muito bem do livro todo, mas tem uma história nele que eu nunca esqueci: tinha uma dança, lá, uma coreografia, que a Martha gostava muito de fazer. Chamava "Angústia", uma coisa assim. Era um solo. Ela dançava dentro de um saco branco, só com a cabeça de fora, o saco fechado no pescoço e o limite do saco era os braços e as pernas dela esticados. [*imita*] Tinha uma porrada de fotos no livro, era supermaneiro. Ela ficava lá presa dentro daquele saco branco, só o rosto angustiado de fora. Durante anos, todo espetáculo ela dava um jeito de encaixar essa coreografia. Era o carro-chefe dela, como se diz. Até que um dia a Martha tava no camarim tirando a maquiagem quando o pessoal da produção veio avisar que eles tavam com um problema: tinha uma mulher na plateia, o público todo já tinha ido embora, e ela tava lá chorando copiosamente, ninguém sabia o que fazer. A Martha pediu que trouxessem a mulher pro camarim. Ela veio. Não conseguia parar de chorar. Água com açúcar, abano, todo mundo no maior sufoco até que, meia hora depois, ela se acalmou. A Martha ali, toda solícita: "Que que foi, minha senhora? Que que aconteceu?" E ela contou: "Eu tinha 25 anos quando um filho meu de três anos de idade brincava com a bola na calçada, a bola correu pro meio da rua e ele correu atrás pra pegar. Eu vi a roda de um caminhão passar por cima da cabeça dele. [*pausa*] Eu não chorei naquele dia. Eu não chorei no enterro, também. Nos últimos 25 anos eu não fui capaz de chorar por nada nesse mundo até ver a sua dança e entender essa angústia monstruosa que me apertou o peito durante todo esse tempo e me deixou sem ar, sem remédio, sem saída." Todo mundo no camarim ficou em silêncio. A mulher levantou os olhos, disse "Obrigada" e saiu chorando silenciosamente. A Martha escreveu no livro que valeu a pena ter vivido por esse momento. Por ter tido o privilégio de saber que, pelo menos uma vez na vida, foi capaz de tocar uma pessoa sensível na plateia.

ATOR:
É uma história muito bonita.

ATOR JOVEM:
Sei lá. Vai ver que hoje tinha mais de mil aí, e você se deixou irritar por dois ou três. [*pausa*] Desculpa, tá? Pensa nisso.

O Ator jovem sai.

Silêncio.

ATOR:
Uma só pessoa sensível na plateia.

O Ator passa os olhos ostensivamente pelo público, como quem procura, até se deter em alguém.

ATOR:
Será você?

Procura outros.

ATOR:
Você? Você? Será você?

Silêncio. Silêncio.

ATOR:
A vida é uma sombra que passa, um pobre ator que se pavoneia em cena durante uma hora e depois ninguém vê mais, uma história idiota, cheia de som e de fúria, contada por um louco e significando nada.

Volta o áudio dos ruídos da plateia, num crescendo, até o seu máximo. O Ator rege todos esses sons. O palco todo fica iluminado. Corte brusco. Silêncio.

Cortina.

Caso aconteça de os aplausos no agradecimento não serem fortes o suficiente, entra uma gravação com uma grande ovação.

FIM

CIP-BRASIL. CATALOGAÇÃO NA PUBLICAÇÃO
SINDICATO NACIONAL DOS EDITORES DE LIVROS, RJ

F141s

Fagundes, Antonio, 1949-

Sete minutos / Antonio Fagundes. - 1. ed. - Rio de Janeiro : Cobogó, 2024.

128 p. ; 19 cm. (Dramaturgia)

ISBN 978-65-5691-157-1

1. Teatro brasileiro. I. Título. II. Série.

24-95005   CDD: 869.2
              CDU: 82-2(81)

Gabriela Faray Ferreira Lopes - Bibliotecária - CRB-7/6643

© Editora de Livros Cobogó, 2024

Editora-chefe
Isabel Diegues

Editora
Julia Barbosa

Coordenação de produção
Melina Bial

Assistente de produção
Priscilla Kern

Revisão final
Carolina Falcão

Projeto gráfico de miolo e diagramação
Mari Taboada

Capa
Ruan Oliveira

A opinião dos autores deste livro não reflete necessariamente a opinião da Editora Cobogó.

Nenhuma parte desta obra pode ser reproduzida, adaptada, encenada, registrada em imagem e/ou som, ou transmitida de nenhuma forma ou por nenhum meio, sem a permissão expressa e por escrito da Editora Cobogó.

Todos os direitos reservados à
Editora de Livros Cobogó Ltda.
Rua Gen. Dionísio, 53, Humaitá
Rio de Janeiro – RJ – Brasil – 22271-050
www.cobogo.com.br

COLEÇÃO DRAMATURGIA

ALGUÉM ACABA DE MORRER LÁ FORA, de Jô Bilac

NINGUÉM FALOU QUE SERIA FÁCIL, de Felipe Rocha

TRABALHOS DE AMORES QUASE PERDIDOS, de Pedro Brício

NEM UM DIA SE PASSA SEM NOTÍCIAS SUAS, de Daniela Pereira de Carvalho

OS ESTONIANOS, de Julia Spadaccini

PONTO DE FUGA, de Rodrigo Nogueira

POR ELISE, de Grace Passô

MARCHA PARA ZENTURO, de Grace Passô

AMORES SURDOS, de Grace Passô

CONGRESSO INTERNACIONAL DO MEDO, de Grace Passô

A PRIMEIRA VISTA | IN ON IT, de Daniel MacIvor

INCÊNDIOS, de Wajdi Mouawad

CINE MONSTRO, de Daniel MacIvor

CONSELHO DE CLASSE, de Jô Bilac

CARA DE CAVALO, de Pedro Kosovski

GARRAS CURVAS E UM CANTO SEDUTOR, de Daniele Avila Small

OS MAMUTES, de Jô Bilac

INFÂNCIA, TIROS E PLUMAS, de Jô Bilac

NEM MESMO TODO O OCEANO, adaptação de Inez Viana do romance de Alcione Araújo

NÔMADES, de Marcio Abreu e Patrick Pessoa

CARANGUEJO OVERDRIVE, de Pedro Kosovski

BR-TRANS, de Silvero Pereira

KRUM, de Hanoch Levin

MARÉ/PROJETO BRASIL, de Marcio Abreu

AS PALAVRAS E AS COISAS, de Pedro Brício

MATA TEU PAI, de Grace Passô

ÃRRÃ, de Vinicius Calderoni

JANIS, de Diogo Liberano

NÃO NEM NADA, de Vinicius Calderoni

CHORUME, de Vinicius Calderoni

GUANABARA CANIBAL, de Pedro Kosovski

TOM NA FAZENDA, de Michel Marc Bouchard

OS ARQUEÓLOGOS, de Vinicius Calderoni

ESCUTA!, de Francisco Ohana

ROSE, de Cecilia Ripoll

O ENIGMA DO BOM DIA, de Olga Almeida

A ÚLTIMA PEÇA, de Inez Viana

BURAQUINHOS OU O VENTO É INIMIGO DO PICUMÃ, de Jhonny Salaberg

PASSARINHO, de Ana Kutner

INSETOS, de Jô Bilac

A TROPA, de Gustavo Pinheiro

A GARAGEM, de Felipe Haiut

SILÊNCIO.DOC, de Marcelo Varzea

PRETO, de Grace Passô, Marcio Abreu e Nadja Naira

MARTA, ROSA E JOÃO, de Malu Galli

MATO CHEIO, de Carcaça de Poéticas Negras

YELLOW BASTARD, de Diogo Liberano

SINFONIA SONHO, de Diogo Liberano

SÓ PERCEBO QUE ESTOU CORRENDO QUANDO VEJO QUE ESTOU CAINDO, de Lane Lopes

SAIA, de Marcéli Torquato

DESCULPE O TRANSTORNO, de Jonatan Magella

TUKANKÁTON + O TERCEIRO SINAL, de Otávio Frias Filho

SUELEN NARA IAN, de Luisa Arraes

SÍSIFO, de Gregorio Duvivier e Vinicius Calderoni

HOJE NÃO SAIO DAQUI, de Cia Marginal e Jô Bilac

PARTO PAVILHÃO, de Jhonny Salaberg

A MULHER ARRASTADA, de Diones Camargo

CÉREBRO_CORAÇÃO, de Mariana Lima

O DEBATE, de Guel Arraes e Jorge Furtado

BICHOS DANÇANTES, de Alex Neoral

A ÁRVORE, de Silvia Gomez

CÃO GELADO, de Filipe Isensee

PRA ONDE QUER QUE EU VÁ SERÁ EXÍLIO, de Suzana Velasco

DAS DORES, de Marcos Bassini

VOZES FEMININAS — NÃO EU, PASSOS, CADÊNCIA, de Samuel Beckett

PLAY BECKETT — X PANTOMIMA E TRÊS DRAMATÍCULOS (ATO SEM PALAVRAS II | COMÉDIA/PLAY | CATÁSTROFE | IMPROVISO DE OHIO), de Samuel Beckett

MACACOS — MONÓLOGO EM 9 EPISÓDIOS E I ATO, de Clayton Nascimento

A LISTA, de Gustavo Pinheiro

SEM PALAVRAS, de Marcio Abreu

CRUCIAL DOIS UM, de Paulo Scott

MUSEU NACIONAL
[TODAS AS VOZES DO FOGO],
de Vinicius Calderoni

KING KONG FRAN
de Rafaela Azevedo e Pedro Brício

PARTIDA, de Inez Viana

AS LÁGRIMAS AMARGAS
DE PETRA VON KANT,
de Rainer Werner Fassbinder

AZIRA'I — UM MUSICAL DE
MEMÓRIAS, de Zahỳ Tentehar
e Duda Rios

SELVAGEM, de Felipe Haiut

DOIS DE NÓS,
de Gustavo Pinheiro

UM JARDIM PARA TCHEKHOV,
de Pedro Brício

LADY TEMPESTADE,
de Sílvia Gomez

NÃO ME ENTREGO,
NÃO!, de Flávio Marinho

MARIPOSAS AMARILLAS,
de Inez Viana

COLEÇÃO DRAMATURGIA ESPANHOLA

A PAZ PERPÉTUA, de Juan Mayorga | Tradução Aderbal Freire-Filho

ATRA BÍLIS, de Laila Ripoll | Tradução Hugo Rodas

CACHORRO MORTO NA LAVANDERIA: OS FORTES, de Angélica Liddell | Tradução Beatriz Sayad

CLIFF (PRECIPÍCIO), de José Alberto Conejero | Tradução Fernando Yamamoto

DENTRO DA TERRA, de Paco Bezerra | Tradução Roberto Alvim

MÜNCHAUSEN, de Lucía Vilanova | Tradução Pedro Brício

NN12, de Gracia Morales | Tradução Gilberto Gawronski

O PRINCÍPIO DE ARQUIMEDES, de Josep Maria Miró i Coromina | Tradução Luís Artur Nunes

OS CORPOS PERDIDOS, de José Manuel Mora | Tradução Cibele Forjaz

APRÈS MOI, LE DÉLUGE (DEPOIS DE MIM, O DILÚVIO), de Lluïsa Cunillé | Tradução Marcio Meirelles

COLEÇÃO DRAMATURGIA FRANCESA

É A VIDA, de Mohamed El Khatib | Tradução Gabriel F.

FIZ BEM?, de Pauline Sales | Tradução Pedro Kosovski

ONDE E QUANDO NÓS MORREMOS, de Riad Gahmi | Tradução Grupo Carmin

PULVERIZADOS, de Alexandra Badea | Tradução Marcio Abreu

EU CARREGUEI MEU PAI SOBRE MEUS OMBROS, de Fabrice Melquiot | Tradução Alexandre Dal Farra

HOMENS QUE CAEM, de Marion Aubert | Tradução Renato Forin Jr.

PUNHOS, de Pauline Peyrade | Tradução Grace Passô

QUEIMADURAS, de Hubert Colas | Tradução Jezebel De Carli

COLEÇÃO DRAMATURGIA HOLANDESA

EU NÃO VOU FAZER MEDEIA, de Magne van den Berg | Tradução Jonathan Andrade

RESSACA DE PALAVRAS, de Frank Siera | Tradução Cris Larin

PLANETA TUDO, de Esther Gerritsen | Tradução Ivam Cabral e Rodolfo García Vázquez

NO CANAL À ESQUERDA, de Alex van Warmerdam | Tradução Giovana Soar

A NAÇÃO — UMA PEÇA EM SEIS EPISÓDIOS, de Eric de Vroedt | Tradução Newton Moreno

2025
———————
1ª reimpressão

Este livro foi composto em Calluna.
Impresso pela Gráfica JMV,
sobre papel Pólen Natural 80g/m².